TRANSFORMATION

DE

LA BANQUE

ET DU

SYSTÈME MONÉTAIRE

EN EUROPE

PAR L'INAUGURATION D'UNE MONNAIE,

MESURE DE PUISSANCE CIRCULATOIRE

Organisation rationnelle du crédit;

Conciliation de tous les intérêts commerciaux, par la prépondérance du mutualisme sur l'individualisme;

Écoulement le plus rapide des produits;

Suppression du chômage par la facilitation de l'écoulement des produits;

Suppression de la misère par le placement facultatif de l'épargne le plus sûr et le plus lucratif, etc., etc., etc.

PAR DE LHUILLIER.

***

PARIS

DENTU, LIBRAIRE-ÉDITEUR, PALAIS-ROYAL,
13, GALERIE D'ORLÉANS.

ET L'AUTEUR, RUE DUPERRÉ, 22 BIS.

1858

TRANSFORMATION

DE

LA BANQUE

ET

DU SYSTÈME MONÉTAIRE

EN EUROPE

TRANSFORMATION

DE

LA BANQUE

ET DU

YSTÈME MONÉTAIRE

EN EUROPE

PAR L'INAUGURATION D'UNE MONNAIE,

MESURE DE PUISSANCE CIRCULATOIRE

Organisation rationnelle du crédit ;

Conciliation de tous les intérêts commer- ciaux, par la prépondérance du mutua- lisme sur l'individualisme ;

Écoulement le plus rapide des produits ;

Suppression du chômage par la facilitation de l'écoulement des produits ;

Suppression de la misère par le placement facultatif de l'épargne le plus sûr et le plus lucratif, etc., etc., etc.

PAR DE LHUILLIER.

PARIS

DENTU, LIBRAIRE-ÉDITEUR, PALAIS-ROYAL,

13, GALERIE D'ORLÉANS.

ET L'AUTEUR, RUE DUPERRÉ, 22 BIS.

1858

SOMMAIRE GÉNÉRAL.

Avant-propos. Principe fondamental de l'ouvrage p. 1).

Considérations préliminaires sur la *valeur*, le *prix* et la *monnaie* (p. 4 et suiv.).

Considérations générales sur l'origine de la monnaie et sa condition *d'être* (p. 7 et suiv.).

PREMIÈRE PARTIE.

SECTION I.

Capital et revenu (p. 15), transmission rapide des capitaux, rapide accroissement du capital. — Cédants et cessionnaires du capital, commanditaires et commandités respectivement (p. 16). — Conditions rénumératoires de la commandite échelonnée (p. 17).

SECTION II.

Développement de la précédente section. L'unité monétaire, l'un des éléments semblables de la valeur *totale* de la richesse *monétisée*.

SECTION III.

A nulle espèce de marchandise n'appartient rationnellement le privilége de s'ériger en commune mesure de la valeur des autres marchandises, — et conséquemment d'en être la *monnaie* (p. 19 et suiv.). L'unité monétaire, expression numérique d'une quantité de valeur, détermine, non pas l'espèce dans laquelle doit s'effectuer un paiement, mais la quantité de valeur que doit comporter la marchandise offerte en paiement. Condition absolue de son acceptation par le créancier (p. 23). Toute marchandise est monnaie à l'égard des autres (27). Privilége des métaux rendant les autres marchandises indûment tributaires des possesseurs de la marchandise privilégiée (28).

SECTION IV.

Lettre de change et billet, monnaie auxiliaire de la monnaie métallique promise par ces titres favorisés du seul atermoiement (p. 37), le crédit, cause d'accroissement du besoin de monnaie (ib.), accroissement réellement inconciliable avec le privilége du métal (ib.). Commerce et accaparement de la monnaie de métal (p. 38) conduisant à la banqueroute (ib.). Banques dites de circulation, hantées sur les banques de dépôt en vue de l'augmentation du numéraire métallique (ib). Comment l'illusion du commerce s'est prolongée sur la suffisance de l'intervention des banques de-circulation, comptant elles-mêmes sur un ajournement de l'acquittement de leurs billets (p. 44).

SECTION V.

Première tentative de la transformation du système monétaire par l'érection de la promesse de livraison de marchandise pour une valeur déterminée (p. 49). Premier essai de monétisation de la *valeur* rendu stérile par l'omission du complément indispensable à sa réalisation (ib.). Absence de réciprocité du besoin nécessaire aux échanges de produits, compensée à l'égard des titres les représentant *en valeur*, par le change respectif des uns à l'égard des autres, selon leur degré respectif d'élévation sur l'échelle évaluative de la puissance circulatoire reconnue à chacun de ces titres (p. 50 et suiv.).

SECTION VI.

Préconisation de la monnaie de papier (p. 61), système de Law (p. 67 et suiv.), sur quel principe inacceptable il était fondé (p. 66). Sa prompte chute (ib.), Quelles conditions pouvaient lui donner la vitalité (p. 67). Impuissance radicale de tout système financier à équilibrer la quantité du numéraire circulant avec les besoins de l'échange, tant que ce numéraire consiste exclusivement en une sorte de marchandise soit immédiatement présente ou représentée par du papier (p. 68 et suiv.).

SECTION VII.

Condition d'être de la *vraie* banque de circulation (p. 74). Nouvelles considérations sur le *change* respectif des titres représentatifs de la valeur *spéciale* (p. 76). Le change, condition de la dispensation rationnelle et de l'organisation régulière du crédit (p. 77 et suiv.), rend possible administrativement l'échange des valeurs par la banque qui les a monétisées par l'application de ce change (p. 78).

SECTION VIII.

A quelle puissance incombe le soin d'instituer une vraie banque de circulation (p. 79). Répudiation, à cet effet, d'une association formée en vue du monopole (80), le droit de monétisation appartient à tout détenteur de valeur monétisable : l'exercice en incombe à tous sous la condition d'être reliés entre eux par une mutualité d'intérêts équilibrés entre eux par l'*arbitrage* impartial et d'ésintéressé d'un représentant général de cette mutualité (p. 81 et suiv.). Capital en *propre* à la banque, nul ; son capital d'échange consistant en valeurs déposées à cet effet, destiné à s'accroître progressivement par l'assurance donnée au capital déposé de participer au profit de la banque proportionnellement à la durée de leur délaissement (p. 82 et suiv.).

SECTION IX.

L'office de la monétisation exercé par une agence en vertu d'engagement légal rendu synallagmatique par la participation facultative à tous, aux services et profits de cette agence, centre de convergence de tous les intérêts *mutualisés* (p. 86). Extension comparée de l'étendue des services ressortant des attributions de la banque nouvelle et de celle des services que peut rendre l'ancienne (p. 88).

SECTION X.

Mode d'évaluation respective de la puissance circulatoire afférente aux divers warrants — négligé des premiers expérimentateurs de leur monétisation (p. 97 et suiv.). Matières premières, type de valeur à l'égard des produits graduellement de plus en plus ouvrés. — La première de toutes est la monnaie, qui les représente toutes. — L'unité de cette monnaie, différente de l'unité, mesure de valeur *intrinsèque*, porte une autre dénomination (p. 99 et suiv.). Sans valeur inhérente, cette monnaie ne peut être que fiduciaire. — Le vice de la monnaie métallique, sa double attribution d'être objet d'échange, par la valeur intrinsèque, et titre fiduciaire par par l'opinion dans laquelle le public est maintenu *par l'usage* le plus habituel, de pouvoir, en échange contre elle, obtenir toute marchandise désirée, quoique non promise par cette monnaie, — opinion qui sera beaucoup plus solidement fondée l'étant sur le bon de livraison garanti par la banque, et, par elle, échangeable contre tout autre à la convenance du porteur (p. 106 et suiv.) sous la condition du *change*.

SECTION XI.

Convenance à tous, caractère essentiel de la monnaie (p. 112). Le change, indemnité de disconvenance, — seul capable de faire remonter le titre spécial du *commandité* au *commanditaire*, et graduellement jusqu'au détenteur de la monnaie, le premier dans la graduation de la commandite échelonnée (p. 113 à 117). Equivalence en puissance circulatoire des warrants entre eux opérée par leur assimilation à la monnaie générale, type de valeur circulatoire (p. 117). L'abondance de celle-ci mesurée sur le besoin de monétisation (p. 118). Mode d'appréciation de l'étendue de ce besoin (p. 121 et suiv.). Par l'application du change, toute marchandise réellement devenue *monnaie* nécessaire à sa satisfaction.

SECTION XII.

Substitution par les banques, dites de circulation, de leurs billets *à vue* à ceux à *terme* de leurs clients, fatalement insuffisante aux besoins de ceux-ci (p. 125 et suiv.), ce système se résumant dans le monnayage de la dette elle-même. Appréciation de cette combinaison (p. 128), comment acceptée en dépit de son irrationalité (p. 129). Crises éprouvées par les établissements de crédit ayant fonctionné en France d'après ce principe de 1716 à 1855 (p. 131 et suiv.), pronostic assuré de leur fin prochaine et de leur remplacement par une institution monétisatrice de *toute* valeur commerciale. Une initiative personnelle suffisante à créer cette institution (p. 139). Inutilité d'un capital à elle en propre, autre que celui nécessaire à son établissement, la monétisation et l'échange ne devant s'alimenter que des apports et délaissements plus ou moins prolongés de la clientèle (p. 140 et suiv.).

SECTION XIII.

L'institution monétisatrice, origine de la plus vaste mutualité commerciale qui puisse être conçue, formée sous les auspices de l'intérêt privé et prenant de jour en jour une plus grande extension déterminée par le développement de ce même intérêt assuré d'y trouver, dans une participation bénéficiaire, une satisfaction qu'il ne trouverait pas ailleurs (p. 142 et suiv.). Par elle, le crédit commercial assis sur sa base naturelle, la valeur du produit (p. 148). Au lieu de l'*escompte*, l'avance en warrants de marchandises en échange *à vue* contre warrants *à terme*, et l'indemnité de délai d'acquittement fixée par l'arbitrage de l'institution monétisatrice, et perçue par le *dernier* porteur du warrant, tous ses porteurs s'en étant successivement prévalus sur leurs cessionnaires pour le temps de sa circulation accomplie (148 et suiv.).

SECTONI XIV.

Mobilisation de biens, qualifiés d'immeubles, par la monétisation des rentes hypothéquées sur ces biens. — Aliénation définitive, sauf remboursement à l'expiration de la durée légale de l'hypothèque (p. 150 et suiv.).

SECONDE PARTIE. — RÉALISATION PRATIQUE.

SECTION XV.

A défaut de suffisance de la puissance individuelle, association de capitaux pour la formation du premier capital nécessaire à la seule fondation de l'établissement monétisateur, alors considéré comme *agent collectif* (p. 163). Conditions statutaires de l'exercice de ses attributions et mode de rénumération de son initiative, qu'il soit individuel ou collectif (p. 164 à 172). Nouvelles considérations sur l'urgence de l'institution monétisatrice de toute propriété vénale. Neutralisation du vice de variabilité du prix relatif des métaux précieux, soit entre eux, soit à l'égard des autres marchandises. Par la monétisation de *toute* valeur échangeable, garantie certaine d'une exécution des contrats exactement conforme à l'intention qui les a dictés (p. 173 et suiv.).

SECTION XVI.

Fonction *exclusive* de la monnaie, en tant que *monnaie* (p. 183). Incapacité inhérente à toute spécialité de marchandise, de satisfaire aux conditions d'accomplissement de cette fonction (p. 190). De la même cause provient l'impropriété du *bon* d'échange à servir comme monnaie dans sa forme native, et la nécessité de sa conversion de valeur *spéciale* en valeur *générale* ou monétaire, c'est-à-dire également utile *à tous* (p. 191 et suiv.). Dernières observations sur le système de Law (p. 196).

SECTION XVII.

Nouvelles considérations sur le change. Le taux en égalise seul les warrants en puissance circulatoire (p. 204 et suiv.). Principe régulateur du taux (p. 208 et suiv.). *Critérium* de l'évaluation des signes monétaires spéciaux en monnaie générale (p. 210). Fait normal de la transmission successive des capitaux (p. 211 et suiv.) participation du cédant à la plus value que le capital acquiert par le travail successif des cessionnaires, condition nécessaire de la cession (p. 213) : dépréciation du titre spécial, seulement apparente, et plus que compensée par la qualité de monnaie qu'elle lui confère (p. 215). L'arbitrage nécessaire à l'acceptation du taux du change par les parties intéressées ne peut incomber qu'à l'établissement monétisateur et garant du fruit de son intervention (ib.). Le billet à terme et la promesse d'argent en particulier graduellement raréfiés par l'application du nouveau système (p. 217).

SECTION XVIII.

Sous le nouveau régime monétaire, plus de capitaux oisifs ni employés à l'improductif jeu de *bourse* (p. 219), la participation facultative à tout capitaliste aux profits de la mutualité, compensation assurée de son incapacité d'en tirer profit par lui-même. De là, l'affluence de tout capital disponible sur le seuil de l'industrie pour accélérer son développement par la commandite (220). Capitalisation de l'épargne, déterminée par sa productivité de revenu (ib.). Harmonisation des intérêts de l'État avec les intérêts personnels (p. 221 et suiv.), convertibilité de tout impôt dans l'impôt *en nature* à prélever sur le revenu, — sans classement par catégorie (p. 224). Evaluation rationnelle du produit de cet impôt supposé unique (p. 225). Réalisation *indirecte* de la dîme royale de Vauban, irréalisable *directement*,

SECTION XIX.

Généralisation successive du nouveau système monétaire, — les intérêts nationaux solidarisés — par l'application faite du change respectif des titres nationaux par une agence ou banque centrale, — les égalisant ainsi tous én puissance circulatoire entre eux et avec sa propre monnaie, générale au plus haut degré (p. 229 et suiv.), distribution normale entre les nations *monétairement confédérées* de leur part à prendre respectivement à la production de la richesse publique en raison de l'aptitude de chacune (232), et de là le mutualisme reliant toutes les nations du lien d'un intérêt commun entre elles, — bienfait que ne pourrait jamais opérer l'égoïsme collectif, essentiellement monopolisateur de tout utile office (p. 232 et 33). Moralisation définitive du commerce et la *juste* appréciation du droit que les services doivent en acquérir à l'estime de TOUS, la réciprocité des services étant la condition même de leur valeur.

SECTION XX.

Solution du problème de l'organisation du travail par une dispensation rationnelle du crédit *monétaire*. Le crédit privé, dangereux excitateur à la production, neutralisé par le crédit public accessible à *tous*. — Sous la tutelle de la banque monétisatrice de la *valeur*, plus d'encombrement, ni de chômage. — La connaissance des besoins réels, seule régulatrice de la production, maintient habituellement le prix de toute denrée dans des limites normales, au grand avantage de la classe la plus nombreuse et la moins fortunée.

SECTION XXI.

Dernières considérations sur l'exposé d'une théorie monétaire rationnelle (p. 262), nécessité de son application pour l'obtention du bienfait de la circulation *fictive* des produits indispensable à la rapidité de leur écoulement (ib.). Distinction des deux natures de la valeur inhérente à toute marchandise comme monnaie (ib. et suiv.). Une appréciation nouvelle et plus judicieuse des faits conduit à l'organisation rationnelle du crédit et détermine la révocation de l'anathème inconsidérément fulminé contre lui par une partie des promoteurs les plus ardents de l'échange direct, c'est-à-dire opéré sans aucune intervention de monnaie (p. 264), le droit des métaux précieux de mesurer la valeur *spéciale*, garanti contre toute atteinte par l'inauguration de la nouvelle unité monétaire, mesure de la valeur GÉNÉRALE, ou puissance circulatoire et complément du système monétaire consacré par l'usage immémorial (p. 266 et suiv.). Sa création peut invoquer le contrôle et la garantie de l'État (p. 269). Impuissance d'une compagnie quelconque d'étendre cette création dans la mesure du besoin journalier (271); l'unité doit absorber toutes les tentatives privées qui seraient faites à cet égard (ib. et suiv.). Parallèle entre l'utilité des banques du présent et celle de notre banque de l'avenir (p. 275). Le modèle de cette dernière à prendre dans les banques primitives de dépôt et à suivre en se bornant à étendre son office des seuls métaux monnayés à *toutes* les valeurs spéciales (p. 276 et 285). Comment une analyse raisonnée de la monnaie, en général, conduit à la découverte d'un nouveau type, par le dégagement, l'une de l'autre, dans la marchandise, des deux valeurs qui lui sont inhérentes, *spéciale* et GÉNÉRALE ou monétaire (p. 280 et suiv.). Mode d'appréciation de la valeur générale (283 à 289). La vraie banque de circulation, banque de dépôt de warrants à fusionner, comme les banques primitives fusionnaient les monnaies métalliques pour en tirer une valeur commune (p. 285 et suiv.). Appréciation de la valeur de la garantie d'acquittement de la nouvelle monnaie essentiellement *fiduciaire* (290). Le dégagement l'une de l'autre des deux valeurs inhérentes à toute marchandise pour obtenir la nouvelle monnaie, complément de l'ancienne (p. 291). Pour conclusion, rapide exposé des principaux avantages assurés aux peuples civilisés par l'application qu'ils se feront les uns aux autres et chez ceux même des principes développés dans cet ouvrage.

FIN DU SOMMAIRE GÉNÉRAL.

AVANT-PROPOS.

Toute marchandise a valeur échangeable, et toute valeur échangeable est monétisable *quelque forme qu'elle affecte.*

Le privilége encore exercé à cet égard par les métaux qualifiés de précieux, est donc aussi complétement irrationnel que celui que penserait à revendiquer sur ce point toute autre spécialité ou toute collection *limitée* d'autres spécialités commerciales ; d'où se déduit cette irréfragable vérité : « Présentée sous emblème d'une valeur déterminée par le chiffre d'un prix courant, toute marchandise est *monétisable.* »

Mais quoique essentiellement *monétisable,* il ne s'ensuit pas que toute marchandise soit immédiatement *monétisée* par le seul fait de la fixation de la valeur courante pour laquelle il en est lancé dans la circulation, en

1

échange contre valeur *nominalement* égale en toute autre marchandise ou même en *monnaie*.

Il lui reste encore à accomplir la loi de la convenance générale, accomplissement seul capable de la rendre assimilable à cette même monnaie.

Le grand problème de la circulation de toute valeur échangeable sous forme monétaire se résume donc en ces termes : égaliser en puissance circulatoire, entre eux et avec la *monnaie*, tous les titres représentatifs de valeur aspirant à la circulation, égalisation, résultat exclusif de leur fusion et conversion préalable en cette monnaie, employée à mesurer leurs valeurs respectives, *eu égard à la puissance circulatoire*, et susceptible dès lors de leur être substituée dans les échanges.

Or, tout le livre ayant pour but d'enseigner l'art de la monétisation de la valeur spéciale, par la neutralisation du vice de disconvenance personnelle inhérent en elle et résistant plus ou moins victorieusement à sa tendance naturelle et légitime à circuler, ce livre pourrait être intitulé : *Science de la monétisation de toute richesse échangeable et sa praticabilité mise à la portée de tous les possesseurs de cette richesse, quelque forme qu'elle affecte.*

Le lecteur jugera, d'après ses propres impressions, si l'auteur doit se flatter de l'espoir d'être récompensé de son travail par la satisfaction d'avoir atteint son but : la justification de ce programme.

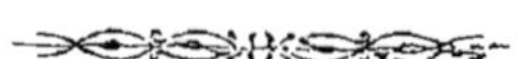

OBSERVATION PRÉLIMINAIRE.

Le mérite le plus important d'une dissertation, est de présenter dans tous ses points un sens clair et précis à l'esprit de ses lecteurs, et la première des conditions à accomplir dans ce but, est de commencer par déterminer l'acception dans laquelle le dissertateur emploie les termes techniques de la science, objet de la dissertation.

Il en est quatre surtout sur le sens desquels, en respect de ce précepte, nous croyons, avant d'entrer en matière, devoir édifier nos lecteurs, parce que ces mots, employés si fréquemment dans les ouvrages économiques, et plus souvent encore dans les discussions orales, ne nous paraissent pas l'être dans un sens assez précis pour porter à tous les esprits une idée parfaitement pareille à celle que nous entendons nous-même exprimer par leur emploi. Ces mots sont ceux de : Valeur, prix, monnaie et unité monétaire.

Commençons par déclarer, à l'égard du premier de ces mots, que le sens que nous entendons lui donner est son sens philosophique, conséquemment très différent de celui dans lequel l'emploient les praticiens de la Bourse, accoutumés à confondre sous la même appellation l'objet ayant valeur et la valeur même attribuée à cet objet, attribution dont l'idée est encore rendue plus confuse dans l'esprit de tant de personnes par l'emploi fait avec trop peu de discernement des mots valeur et prix, si fréquemment employés l'un pour l'autre, au grand préjudice de la netteté du discours.

Pour nous, les idées que nous exprimons par ces quatre termes sont les idées élémentaires de toute la dissertation à laquelle nous allons nous livrer, et c'est pour ce motif que nous tenons principalement à fixer le sens dans lequel nous désirons qu'ils soient acceptés par nos lecteurs. Nous disons donc :

De ce qui précède, il résulte, dans notre sens, que : 1° le mot *valeur* exprime dans un objet une qualité corrélative de l'importance que l'on met à le posséder en raison de l'utilité qu'on pense en retirer ; 2° le *prix* est l'expression numérique de la mesure de la valeur reconnue respectivement sur le marché des divers objets qui y sont apportés en échange ; 3° la monnaie est la représentation de la valeur totale des objets mis en échange par sa médiation sur le marché GÉNÉRAL ; 4° enfin, l'unité monétaire est l'une des parties élémentaires dont la réunion constitue la monnaie.

Ceci bien entendu, nous abordons la dissertation.

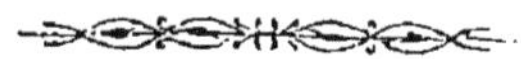

TRANSFORMATION DE LA BANQUE

ET DU SYSTÈME MONÉTAIRE DE L'EUROPE.

CONSIDÉRATIONS GÉNÉRALES.

Tout objet utile à l'homme a pour lui de la valeur: et celui qui, dans un moment donné, lui paraît le plus utile, est aussi celui auquel il attribue la plus grande *quantité* de valeur. La valeur des choses, au jugement des hommes, est donc en elles une quantité indépendante des circonstances de la vie *sociale*. Elle dépend exclusivement du besoin actuel de chacun, et sa préférence en faveur de quelqu'un des objets que l'homme peut se procurer passe alternativement d'un à un autre objet, selon les circonstances de la vie *privée*.

Lorsque l'homme est en relation avec ses semblables, chacun pouvant posséder des objets utiles à tous, mais utiles à des degrés différents pour chacun d'eux, ainsi que pour chaque objet, tous chercheront naturellement à faire des objets possédés des échanges entre eux.

D'abord ces échanges se feront d'un possesseur directement à un autre possesseur, et dans ce cas les objets échangés seront, par les deux échangistes, considérés comme parfaitement équivalents. Ils le seront en effet, parce que chacun d'eux trouvera dans l'objet qu'il accepte le degré d'utilité relative à son état actuel, manquant à l'objet qu'il cède.

Il en résulte que dans l'échange direct deux objets ont une valeur égale pour ceux qui pratiquent cet échange, chacun des échangistes y trouvant son avantage, son profit, réalisé par une jouissance dont, sans l'échange, il serait privé.

Que plusieurs hommes, vivant en société, possèdent des objets reconnus être d'une utilité générale, la combinaison des échanges se modifie. La prévision du besoin, tant pour soi que pour les autres, ouvre carrière à l'échange spéculatif, c'est-à-dire l'échange à pratiquer par anticipation sur l'actualité du besoin individuel. Il suffit à beaucoup, pour les déterminer à l'échange, que la prévision leur signale les avantages qu'ils pourront, dans un temps futur, retirer de la possession d'objets actuellement présentés à l'échange contre tel ou tel objet déjà possédé, mais dont l'utilité actuelle paraisse au possesseur inférieure à celle, par lui prévue, de l'objet offert.

D'abord, il se réalisera sans doute un grand nombre de ces échanges directs, de ces trocs de possesseur à possesseur, et même, par spéculation, avant que nul ait eu la conception d'un rapport entre valeur et valeur, toute reconnaissance de valeur n'ayant encore été que le fruit d'un désir *personnel* éprouvé pour un objet possédé par un autre, mais sans considération pour la quantité de valeur qu'il peut avoir pour cet autre possesseur.

Puis, à mesure que les échanges se multiplient davantage, les échangistes, sans y être déterminés par aucune préalable combinaison d'idées, y emploieront de plus en plus habituellement quelque produit spécial reconnu par tous comme doué d'une certaine valeur incontestée, quoique n'étant pour aucun l'objet d'un besoin présent absolu. La fréquente transmission de cet objet en augmentera l'*utilité*, et la *valeur* s'en accroissant graduellement dans l'opinion des échangistes, ils arrivent enfin à déterminer combien ils en donneront en échange de l'objet quelconque désiré par eux.

Parvenus à ce point, la seule observation du fait consistant dans la cession répétée de diverses quantités de l'objet privilégié des échanges pour obtenir les autres, suffit à leur donner enfin la conception d'un rapport entre la valeur d'un objet et celle d'un autre objet. En effet, voyant donner pour l'acquisition de divers objets diverses quantités fixes d'un objet spécial, jugeant d'après soi-même, chacun reconnaît des différences entre les diverses quantités de valeur attribuées aux divers objets, mesurant naturellement chacune de ces quantités sur celles respectivement données de l'objet privilégié pour les obtenir. Ils ont donc la notion d'une mesure de valeur et conséquemment de *prix*, le prix n'étant autre chose que l'expression numérique de la valeur relative attribuée aux objets d'échange, valeur mesurée sur *la quantité d'une* SPÉCIALITÉ à donner pour obtenir chacune des autres spécialités.

Le premier usage de l'appréciation conduit immédiatement, s'il n'en a pas été précédé, à la pratique de la numération dont le premier principe est la notion de l'*unité*. Voilà donc les échangistes en possession de cette notion, et bientôt ils savent l'appliquer au mesurage des valeurs, à l'appréciation des objets d'échange, en déterminant combien d'unités de la spécialité privilégiée il est généralement donné pour obtenir telle ou telle quantité d'autres spécialités ; en d'autres termes, quel est *le prix courant* de chacune de ces dernières.

Et que sont ces unités homogènes acceptées généralement comme équivalents dans les échanges. Ce sont les éléments de LA *monnaie représentant dans sa* TOTALITÉ la valeur des divers objets d'échange, et dont l'emploi détermine entre ces objets des équivalences et conséquemment des rapports de valeur (1). Et dès lors aussi tout possesseur connaît la valeur de sa richesse relativement

---

(1) UNITÉ. — Élément d'un tout complexe dont la grandeur numérique s'exprime par le nombre total des éléments, ou unités semblables qui la composent. L'unité est donc naturellement le numérateur d'une fraction ayant le *tout* pour dénominateur; idée qui peut s'exprimer arithmétiquement en plaçant *un* au-dessus de *tout*, et, les séparant par un trait, disant : l'unité est : le TOUT-*ième* d'un tout homogène. Ainsi, l'unité monétaire est le TOUT-*ième* de la somme totale de la monnaie en circulation.

à celle de tout autre possesseur, et peut chercher à lui conserver son niveau ou bien à le varier en connaissance de cause, selon son avantage spéculatif.

Et si *les* unités monétaires constituent LA monnaie des échangistes, CETTE monnaie n'est donc autre chose que *la somme* TOTALE de toutes les unités servant partiellement de mesure du prix des divers objets d'échange, et, dans leur réunion, de mesure du prix TOTAL de tous ces objets. Ainsi, dans son origine, pour faciliter la circulation *fictive* des objets d'échange par la transmission de signes représentatifs de leur prix, LA monnaie courante a dû numériquement ÉQUIVALOIR à ces objets réunis, autrement la représentation en aurait été mensongère, et les échangistes auraient été bientôt conduits à rétablir l'équilibre par une nouvelle appréciation de leur monnaie relativement à la marchandise en général.

En effet, de quel usage la monnaie ou des pièces de monnaies, seraient-elles dans les échanges, et quel cours régulier pourraient-elles avoir si elles n'étaient considérées par les échangistes comme des traites des uns sur les autres à l'effet d'obtenir *avec certitude*

les uns des autres les produits qui leur sont
respectivement nécessaires. Et pour que cette
certitude soit bien fondée, n'est-il pas indispensable que la couverture de chaque traite
soit réellement disponible à présentation? Et
si la valeur totale exprimée par les traites ou
pièces de monnaie est inférieure à la somme
de valeur des produits censés généralement
représentés par elles, la concurrence des
offres de ces produits en échange de la monnaie, ne fera-t-elle pas hausser le prix relatif
de celle-ci? Que si cette somme est supérieure,
ce prix ne baissera-t-il pas de lui-même, l'é-
galité entre les deux plateaux de l'échange
en étant la condition normale.

Il est donc de principe que « la monnaie
» soit numériquement équivalente à la ri-
» chesse en circulation *fictive* opérée par sa
» médiation. » Mais l'application de ce principe est évidemment inconciliable avec le privilége d'une marchandise *quelconque* de s'é-
riger en monnaie de toutes les autres, de se
dire, en quantités quelconques *et fixes*, signe
représentatif de la valeur relative de chacune
d'elles. Et cette inconciliabilité devient nécessairement de jour en jour pour les populations, qui persistent dans le maintien de cet

anormal privilége, d'autant plus contraire au développement de leur bien-être, qu'elles s'efforcent avec un plus grand succès d'étendre la sphère de leurs facultés productrices, et avec elle celle du besoin des échanges par l'emploi de la monnaie. C'est donc à ces populations, les premières, de faire, dans leur monnaie, abstraction de la qualité de marchandise, ou du moins, si cela leur est impossible, d'en créer une essentiellement exempte de ce vice attributif.

Ces points éclaircis, entrons en matière.

PREMIÈRE PARTIE.

EXPOSITION THÉORIQUE

D'UNE

NOUVELLE DOCTRINE FINANCIÈRE.

I.

Les économistes les plus distingués reconnaissent à l'envi cette vérité : la monnaie métallique ne constitue pas, à beaucoup près, la richesse des nations ; elle n'est même qu'une infime partie de ce qu'ils appellent CAPITAL, entendant par ce mot : la portion du fonds ou de la propriété *susceptible de produire un revenu*.

Le capital national se compose de capitaux possédés par les particuliers et mis en œuvre par eux *en vue d'un revenu*.

Le revenu du capital consiste dans le travail exercé sur lui, et ce revenu se multiplie en passant successivement de la main d'un travailleur dans celle d'un autre travailleur, donnant à chacun d'eux, jusqu'au dernier travail exécuté sur ce capital, droit, pour son revenu, à une partie de l'accroissement de prix que son travail a valu au capital, l'autre partie étant le prix rémunérateur de l'avance qui lui a été faite, et sans laquelle avance successive nul travail ne serait exécuté.

Ces prix perçus successivement par les travailleurs, tous commanditaires à l'égard les uns des autres dans chaque branche de la production générale, constituent leurs revenus. Le passage successif du capital des mains d'un travailleur dans celles d'un autre travailleur, pour recevoir d'eux toutes les transformations dont il est susceptible, est appelé par nous *transmission commerciale*.

Plus rapide est cette transmission, plus rapidement aussi se multiplient les bénéfices ou le revenu du travail, et conséquemment la richesse publique.

Donner à la transmission commerciale des capitaux la plus grande activité possible, là est donc la solution du plus grand et plus rapide accroissement de cette richesse, et conséquemment de la puissance individuelle comme de la puissance collective, puissance et richesse étant deux termes essentiellement corrélatifs, parce que la puissance est le résultat immédiat de la faculté de *commanditer des travaux*, ce qui ne peut se faire que par l'avance du capital.

La puissance ou richesse des individus, comme celle des nations, est donc, en tout état de choses, proportionnelle à la rapidité de la transmission des capitaux. Cette transmission ne peut s'effectuer sans que le revenu afférent à chaque cédant successivement soit distrait en sa faveur et perçu par lui sur le dernier prix, dû à l'accroissement de valeur obtenu par le capital. Ces retenues se font habituellement par une addition de prix du cédant au cessionnaire à chaque transmission. Le résultat serait le même si le cédant remettait le capital au prix qu'il lui a coûté, mais à la condition de participer avec le cessionnaire à la plus-value dont le travail de ce dernier aurait avantagé le capital. C'est la forme de la commandite légale. Quoique cette forme soit la moins usitée, la commandite n'en a pas moins lieu généralement des cédants aux cessionnaires du capital successivement, tous se faisant le plus ordinairement l'avance de ce capital, acquittable à l'expiration du temps jugé nécessaire à l'accomplissement de la transformation qu'il doit subir par le travail de dernière main. Le capital n'étant définitivement acquitté que par l'acquittement successif des promesses à terme qui l'ont soldé, on peut considérer ces promesses comme laissant en monnaie, dans les mains de chacun des débiteurs, en remontant jusqu'au premier créancier ou commanditaire, la portion de bénéfice due à son travail, de façon que le dernier reste soit égal au capital primitif, avec addition du prix de l'avance faite par le détenteur de ce capital primitif.

❧

II.

Nous avons défini les mots : *valeur, prix, monnaie*. Cette définition nous a conduit à reconnaître qu'essentiellement l'*unité* de prix est, comme toute unité mathématique, un terme *abstrait* de comparaison entre les objets de même nature, et conséquemment, ici, entre tous les prix des divers objets échangeables ; que l'unité de cette nature s'appelle *unité monétaire* ; que la totalité des unités de la monnaie courante, pour accomplir sa mission, doit être l'expression du prix de toutes les richesses qu'elle est appelée à faire circuler par simple représentation de valeur, mesurée par le prix marqué en unités monétaires sur la pièce de monnaie; qu'enfin cette monnaie ne doit pas être considérée comme réelle équivalence de quoi que ce soit, ce qui la rabaisserait à l'état de marchandise, mais un titre donnant droit à recevoir cette équivalence *en une nature* QUELCONQUE, à la convenance du porteur.

En France, l'unité monétaire, appelée *franc*, n'est donc pas *essentiellement* un disque d'un certain métal, de tel titre et pesant tel poids; mais ce disque est évalué, *à un moment donné*, à un franc sur la mercuriale du marché général, et peut, à ce même moment, s'échanger au pair contre tout objet évalué au même prix. Cet échange s'effectuera réellement tant que le prix de cette quantité de ce métal n'aura pas varié relativement à celui des autres produits. Dans le cas contraire, l'équilibre entre la monnaie métallique et les marchandises serait rompu, et la pièce d'un franc s'échangerait contre d'autres quantités des mêmes marchandises, dont cependant l'appréciation continuerait à s'exprimer en unités monétaires de la même dénomination : donc, le franc n'est pas essentiellement un poids déterminé de métal, mais simplement une des unités dont la réunion exprime le prix total de la richesse commerciale qu'elle a mission de faire circuler *en valeur.*

Ces notions acceptées, on conçoit que la démonétisation du métal puisse s'opérer sans produire aucune révolution dans la propriété ni dans la pratique de l'échange, chacun, d'ailleurs, restant libre d'échanger ses produits contre les métaux ci-devant monétaires, pour en faire l'usage le plus à saconvenance. Cette transition n'apporterait, en effet, aucune altération dans le prix relatif des denrées ; les prix déterminés préalablement se maintiendraient comme auparavant, ainsi que leurs rapports, et, conséquemment, l'expression de leur valeur relative.

Sous le nom de *monnaie* ou plutôt de *pièces de monnaie,* on a fait des agents de transmission commerciale en une matière appréciable et appréciée elle-même, en métaux qu'en cette considération, peut-être, on a glorifiés de l'épithète de *précieux par excellence.* La conséquence inévitable de ce choix a été la variation dans le prix de ces agents, tandis que la condition absolue de l'accomplissement normal de leur office consiste

out au contraire dans leur invariabilité métrique, et conséquemment dans leur exemption de toute appréciation. Enfin, du fait on
a conclu au droit, et on a ravalé la monnaie
au niveau de la marchandise, quoique sa seule
mission soit de donner la mesure de la valeur
relative de chaque marchandise, ce mot *valeur* exprimant, selon la définition qui précède, importance mise à la possession des
choses en raison de leur utilité reconnue.

Cependant la valeur est susceptible d'augmentation et de diminution : c'est donc une
quantité. Mais on ne peut comparer deux objets entre eux et par rapport à un troisième
que dans ce que les trois objets ont de commun. Or, la *valeur* n'a rien de commun avec
les propriétés toutes matérielles du métal.
Ces propriétés restent donc étrangères à la
considération de la valeur attribuée au type
monétaire dénommé *franc*. Cependant le métal monnayé a de commun avec toutes les
marchandises cette fatale propriété d'avoir de
la valeur : on peut donc le comparer avec
tout autre objet doué de cette même propriété. Mais la valeur se mesure par le *prix*,
être essentiellement immatériel : le prix s'exprimant en unités appelées *franc*, le franc

est donc une quantité essentiellement immatérielle aussi; ce ne peut donc être un morceau de métal, ni conséquemment rien de vénal, mais un être purement métaphysique dont l'idée sert à la formation d'autres idées, telles que celle de la valeur relative d'objets comparés entre eux sous ce point de vue, et par rapport au tout dont ils font partie.

Le franc, expression du prix des choses, ne peut donc, philosophiquement, être considéré comme une matière servant en cette qualité de mesure de la valeur des marchandises.

Ainsi, cinq grammes d'argent peuvent être du prix d'un franc, ce qu'ils auraient de commun avec beaucoup d'autres marchandises, mais sans que, pour cela, le mot de *franc* impliquât l'idée d'aucune chose susceptible d'avoir un prix, propriété bien éloignée d'être la sienne, celle-ci se bornant à signaler l'espèce des unités qui servent à exprimer un prix, c'est-à-dire une quantité de valeur.

Mais, objectera-t-on, si le franc n'est pas une certaine quantité d'une marchandise déterminée, en quoi de réel consiste donc une dette exprimée en un certain nombre de francs, et comment s'acquittera-t-elle ?

A cette question, purement insidieuse, nous répondrons que c'est au législateur à la résoudre dans sa sagesse. Quant à nous, notre tâche consiste ici dans l'analyse philosophique des idées et dans l'appréciation des mots employés à les exprimer. Nous avons vu que la valeur était la propriété commune à toute marchandise ; que toute marchandise avait *temporairement* sa quantité de valeur ; qu'en France, cette quantité s'exprimait en unités appelées *franc*, et nous en avons conclu que le franc était un être purement idéal et dénué de valeur en lui-même, et, la quantité de valeur qu'il exprime pouvant s'appliquer à toutes les choses vénales, nous en concluons que la dette exprimée en francs est susceptible de s'acquitter *équitablement* en marchandises ou richesses de *toutes* natures, « pourvu qu'elles soient » à la convenance du créancier, » condition absolue de tout contrat entre créancier et débiteur.

Si, maintenant, le législateur juge à propos d'imposer son arbitrage en donnant à une marchandise le privilége de payer toute dette, l'exercice de son droit à cet égard est entièrement étranger à la question toute philosophique de l'essence de la monnaie.

Ainsi nous terminerons cette discussion par la définition de l'unité monétaire : « frac- » tion de la richesse ou du capital circulant » sous forme de monnaie, ayant *un* pour » numérateur, et pour dénominateur le » nombre exprimant le prix total de ce » capital, » prix résumé dans la réunion des unités monétaires mises en circula- tion, pour faciliter sa transmission par voie représentative de valeur. Et nous ajouterons que, quels qu'aient été les motifs qui ont dé- terminé les divers peuples à employer, à tel ou tel âge de la vie sociale, à l'office de monnaie, tels ou tels autres objets, en con- sidération de la valeur qui leur était attri- buée, si le maintien de cet usage doit fatale- ment être de jour en jour plus préjudiciable à leurs intérêts commerciaux, le temps vien- dra de les tirer de la voie dans laquelle les retient, plus ou moins puissamment encore, la force de l'aveugle habitude; et ce temps est arrivé quand enfin la prolongation de leur aveuglement met un obstacle insurmon- table au développement nécessaire de leur prospérité.

III.

Le moment de dessiller les commerçants est assez clairement indiqué par le préjudice que leur prévention exclusive en faveur de la monnaie métallique, comme seul agent de transmission, continuerait, avec une constante aggravation, à porter atteinte à leurs propres intérêts, au mépris de cet aphorisme consacré dans leur propre conviction : « Les » produits s'échangent contre les produits, » corollaire de ce théorème de Turgot : « *Toute* » marchandise a les deux propriétés, de me- » surer et de représenter toute valeur, et, » dans ce sens, toute marchandise est mon- » naie. » Et n'est-ce pas la persistance de cette prévention qui tient la plus grande par- tie de leurs richesses paralysées dans leurs magasins, d'où ne tarderait pas à les tirer la vraie monnaie, la monnaie représentative, par la médiation de laquelle et grâce à la fa- cilité des paiements, circulant elles-mêmes *fictivement*, elles trouveraient bientôt pre- neur, après avoir déjà soldé pour eux de nou- veaux achats.

A un autre point de vue, quel serait aujourd'hui le degré du développement de l'industrie productive de la vraie richesse, si, depuis cette époque de dénûment général signalée sous l'appellation de *moyen âge*, ce développement n'avait été favorisé par la découverte d'un auxiliaire à cette ancienne monnaie, dont l'office exige qu'elle se multiplie en raison de l'abondance incessamment progressive de produits à payer, mais monnaie que sa nature condamne cependant à devenir de jour en jour plus insuffisante ?

Pourtant enfin, dans les derniers temps de cette époque et par suite de circonstances inutiles à rappeler ici, le remède à une disette de numéraire, encore aggravée par la trop grande facilité qu'il présente à l'accaparement, fut signalé par ceux-là même dont l'habile convoitise ne cessait de causer cette aggravation, et qui, bien loin, sans doute, de présager dans ce remède un palliatif au mal, encore bien moins une cause imminente de la ruine graduelle de leur puissance financière, n'y voyaient tout au contraire qu'un expédient pour conserver, pour le salut de leurs richesses, le moyen de les augmenter encore, et toujours par l'accaparement cons-

tamment renouvelé de ce numéraire, en dépit des extorsions violentes contre lesquelles
cet expédient devait les protéger.

La lettre et le billet de change, devenu
billet à ordre, furent cet expédient. Par la
vulgarisation de leur usage, le commerce fut
enrichi d'une nouvelle monnaie, la véritable,
en tant que signe d'une valeur à recevoir en
marchandises, d'une extradition plus facile
alors que celle du métal monnayé. Mais, conformément à sa destination primordiale, le
change de valeur en une nature dont l'exportation était prohibée, l'argent, contre une
autre d'exportation facultative, celui-ci dut
être l'objet de la lettre de *change*. Elle le
promit en effet, selon l'interprétation donnée
à la formule *primitive*, et cette interprétation
exclusive en faveur du métal s'est perpétuée de
siècle en siècle, en dépit de la raison qui veut
que tout débiteur puisse s'acquitter *avec son
produit*, le seul dont la possession dépende de
sa volonté, ou que, du moins, à défaut de l'acceptation immédiate de ce produit par le créancier, le débiteur puisse le représenter par un
signe de valeur sous l'emblème duquel, conformément au but de l'institution monétaire,
ce produit, circulant *fictivement*, arrive entre

ses mains, et, par sa livraison, accomplisse enfin la libération de ce débiteur.

Le commerce peut-il se complaire long-temps encore dans l'ornière de la faillite où le fait à chaque pas trébucher cet usage ir-rationnel de la promesse de payer *exclusive-ment* en un numéraire dont l'obtention, ren-due déjà difficile par sa rareté fatale, devient tout à fait problématique par l'effet du mo-nopole qu'exerce constamment sur lui cette classe de marchands toujours d'autant moins empressés de le livrer, que le besoin en est plus urgent pour les autres ?

Cependant, quand un marchand vend à un travailleur 110 francs un produit qui lui en a coûté 100, que veut-il ? Il veut que ce travailleur augmente la valeur du produit vendu d'une certaine plus-value sur le mon-tant de laquelle il s'alloue 10 francs pour son bénéfice. Pour sûreté de ce bénéfice, il n'a dû raisonnablement compter que sur la ca-pacité productive de son acheteur. Elle était effectivement son gage *principal*.

Or, si celui-ci détachait du produit de son travail une valeur égale à celle à laquelle le vendeur prétend à titre bénéficiaire, et qu'il la lui remît avec le principal, n'aurait-il pas tout lieu d'être satisfait? Aurait-il bien plus lieu de l'être d'une promesse d'argent, d'un accomplissement essentiellement aléatoire?

Eh bien! le débiteur, pour échapper aux difficultés du paiement en argent, ajoutera quelque chose encore, s'il le faut, au prix demandé en cette nature, si le créancier consent à en recevoir la valeur en un signe, promettant non plus l'argent exclusivement, mais cette même valeur en produits sciemment à la disposition du débiteur : cette proposition sera-t-elle repoussée? Oui, elle le serait communément encore *aujourd'hui*. Mais l'avenir sera-t-il à perpétuité l'écho du présent?

Et les fruits d'une si funeste aberration n'étaient-ils pas signalés d'une voix assez forte pour avertir le commerce, il y a déjà plus d'un siècle et demi, par cette philippique lancée dès cette époque contre le tyrannique privilége de l'argent. Écoutons la voix tonnante encore de Boisguilbert :

« On lui a sacrifié, s'écrie-t-il, pour cent
» fois autant de denrées les plus nécessaires
» à la vie qu'on en reçoit de ce métal, qui,
» n'étant introduit, ainsi qu'on a marqué,

» que pour faciliter le commerce et l'échange,
» est devenu le bourreau de toutes choses,
» parce qu'aucun n'a le pouvoir comme lui
» de servir et de couvrir les crimes, en ac-
» quérant ou en dépensant. »

Et puis, entrant dans l'exposé des griefs à lui reprocher, il dit encore :

« L'âme qui vivifie ces billets ou argent en
» papier est la solvabilité du tireur, qui ne
» roule *absolument* que sur la valeur *courante*
» de ce qu'il POSSÈDE, *soit meubles ou immeu-*
» *bles*. Or, l'un et l'autre étant écrasés à tous
» moments par des coups inopinés, non seu-
» lement cette *monnaie*, qui fait vingt et trente
» fois plus de commerce que l'argent, est
» mise au billion, mais même toutes les fa-
» briques en sont anéanties, et il faut de ce
» métal en personne, partout, ou bien c'est
» nécessité de périr. » Lisons encore : « On
» peut bien supposer qu'une si grande surve-
» nue de fonctions à une chose qui était au-
» paravant presque entièrement inutile, la
» met en état de se faire bien valoir... C'est
» à quoi aussi l'argent ne manque pas... Or,
» cette hausse de gages ou d'intérêts est la
» ruine d'un État comme elle serait celle d'un
» particulier, n'y ayant nulle différence,
» quoique nul homme n'y fasse attention.

» Dans un pays opulent par lui-même, dit
» l'auteur en concluant, l'argent ne doit pas
» naturellement former plus de la millième
» partie des facultés, en lui supposant toute
» sa valeur ordinaire ; mais, dans ce décon-
» certement, lui seul est et s'appelle *ri-*
» *chesse*... Il ne faut pas que l'esclave devienne
» maître, ou plutôt *tyran* et *idole*. C'est à la
» nature, qui produit ses faveurs, à les dé-
» partir ; autrement elle prend congé... L'in-
» térêt, enfin, que tous les hommes ont de
» combattre une pareille situation et d'en
» sortir est augmenté dans les princes (1). »

La réalité de l'impuissance de l'argent à
favoriser les développements ultérieurs de
l'industrie et l'urgence de lui retirer un privilége, capable seulement de ralentir ce développement, étaient trop vivement senties
dès le commencement du xviiie siècle, pour
ne pas encourager déjà la recherche des
moyens d'en triompher. De tous, le plus naturel était, comme il l'est encore, l'application du crédit à la monnaie, *simple signe de*

______

(1) *Dissertation sur la nature de la richesse,*
p. 404 et 413.

valeur. Mais le succès de cette application
tait, comme il le sera toujours, soumis à une
condition absolue, c'est d'asseoir ce crédit
sur une base vraie, solide, normale et constamment progressive.

Malheureusement, la première tentative
en fut assise sur un principe contraire au
droit personnel de propriété, fondement du
droit public des peuples modernes ; nous
voulons signaler l'omnipropriété du chef de
l'État, d'où se déduit le droit de donner crédit à toute monnaie de sa création. Tel fut
le principe fondamental du fameux système
financier, sous les débris duquel se sont en-
glouties tant de fortunes privées, à commencer par celle de son auteur lui-même, le
malheureux Law. Ruiné dans ses fondements
presque en en sortant, quelle pouvait être la
viabilité de cet édifice ?

Cependant un siècle et demi s'est écoulé
déjà depuis que la lumière s'est faite sur les
vices du système monétaire, dernier legs des
temps de la barbarie féodale, sans que ceux-
là même qui ont le plus d'intérêt à sa transformation semblent encore songer à y apporter un correctif dont l'application ne
dépend pourtant que de leur volonté. Et ce

correctif n'est-il pas suffisamment indiqué par la leçon de Boisguilbert? L'erreur, il le dit assez clairement, consiste « à vouloir ti- » rer de l'argent *plus de services qu'il n'en* » PEUT *rendre*, et de mépriser cette autre mon- » naie qui, en dépit d'un abusif privilége, » fait *vingt et trente fois plus de commerce que* » *lui*, » et à l'usage de laquelle cependant les commerçants persistent à imposer la condi- tion irrationnelle de passer finalement sous les fourches caudines du *tyran*, quand, pour y échapper, leur manque la ressource du vi- rement de partie.

Ce virement leur présente sans doute un notable avantage ; mais à combien d'em- barras ne les laisse-t-il pas encore exposés ! Et si cette ressource s'offre fréquemment aux marchands des hautes régions commer- ciales, ne fait-elle pas habituellement défaut à leurs clients des rangs inférieurs, approvi- sionnés par eux sous la si dure condition, de justifier le crédit obtenu, par l'exactitude à remplir, à jour fixe, la promesse de cet ar- gent, déclaré par la loi indispensable à leur acquittement? Et si le jour fatal s'écoule sans satisfaction donnée, que peut le client pour échapper à sa ruine? Pour cette classe malheureuse, vrais ilotes du monde commercial, point de salut, si l'argent ne lui arrive à temps. A cette classe dont le labeur paie si chèrement la commandite à laquelle elle doit la faculté précaire de vivre de son travail, à cette classe, *il faut de ce métal en personne, ou bien c'est nécessité de périr.* Ainsi ce sont les travailleurs, les vrais producteurs, auxquels s'impose le soin si pénible de récolter l'argent nécessaire à l'acquittement des billets de leurs commanditaires (1). Et à quelle source le trouver? C'est seulement dans la bourse de cette myriade de consommateurs de toutes classes, pour lesquels, en définitive, s'exécute tout travail productif de richesses. Mais à combien de portes le petit commerce et le fabricant sont-ils obligés de frapper! com-

---

(1) La logique grammaticale prescrirait ici l'emploi du mot commanditeur, commandite signifiant : société de commerçants à laquelle les uns apportent leur *capital* et les autres leurs *soins*, et commanditer étant l'office de celui qui fournit à un autre le capital ; d'où s'en suit que la commandite devrait être qualifiée de command*itaire*, et l'autre de command*iteur*. Que cette note serve à prévenir l'amphibologie à laquelle pourrait donner lieu notre respect pour les usages de la langue commerciale.

bien de fois répéteront-ils leur supplique à gens dont les plus riches ne sont pas toujours les plus faciles à décider ! combien de réductions de factures, de déboires, d'anxiétés à subir, avant de parvenir à satisfaire à l'inexorable *terme* d'échéance ! Collecteurs malheureux du haut commerce!, pour vous n'existera-t-il donc jamais une banque chargée du soin de vous donner les facilités d'un acquittement, faute duquel vos ateliers et vos boutiques se ferment sans retour, et la prison reste votre dernier refuge contre la dureté inhérente au créancier ?

Mais, tout bien considéré, ce créancier, débiteur aussi, ne serait-il pas menacé d'un pareil sort par un renvoi du garçon de caisse le sac vide ? Pour ce créancier il y a une banque ; cette banque lui a fourni l'argent nécessaire aux virements de compte par lesquels de nombreux souscripteurs d'effets de premier ordre ont été affranchis du soin de les acquitter. Mais cet argent, ne faut-il pas qu'il fasse retour à la banque, pour que, en acquittant ses propres billets, elle puisse continuer ses services ?

En dernière analyse, les commerçants des rangs inférieurs sont donc les collecteurs

d'écus de ceux des rangs supérieurs, en remontant par degré jusqu'à la région de la haute
banque, répartitrice des écus *disponibles*, et
qui, malgré sa constante impuissance de répondre à tous les appels, subvient cependant,
autant qu'elle le peut, à l'alimentation du
mouvement commercial, imprimé par les
avances de matières, par leurs détenteurs à
leurs commandités. Et sous quelles conditions se font ces avances, sinon d'avoir part
dans les bénéfices que produira leur emploi
par les marchands ou producteurs des rangs
subalternes ? Enfin, quel autre que le consommateur soldera ces bénéfices ? Et comment, sinon avec ses écus, le seul moyen
d'acquittement qu'il possède en cette qualité
de consommateur, avec la monnaie, qui,
sortant de ses mains, reprend aussitôt son
cours vers la banque, laissant dans son nouveau trajet les parts bénéficiaires afférentes
à chaque fournisseur successif, jusqu'au
distributeur de ces mêmes écus, distributeur dont les profits, si lourds pour le commerçant, seraient bientôt réduits à zéro par
l'abolition du privilége, encore exercé par
eux, d'intervenir, quoique sans utilité réelle
pour personne, à fin d'acquittement ?

IV.

L'invention et la vulgarisation de la monnaie de papier, formulée en lettres de change et billets à ordre, ont suppléé, jusqu'à un certain point sans doute, à l'impuissance de la monnaie métallique, de favoriser à elle seule le développement naturellement progressif de la production des richesses commerciales; mais les dangers du terme d'échéance, comme une épée de Damoclès suspendue sur la tête du producteur, n'en ont pas moins constamment entravé l'essor du commerce et ralenti le développement de la production. Cependant, si la rareté relative de cette monnaie a produit quelque ralentissement, elle n'a pu produire une suspension, et le crédit, triomphant plus ou moins péniblement des entraves mises à ce développement graduel par le privilége de la monnaie métallique ; ce crédit, rendant lui-même de jour en jour plus urgente la multiplication monétaire, en en accroissant le besoin final, ne pouvait manquer de faire de cette spécialité l'objet d'un commerce d'autant plus lucratif que la facilité de son accaparement le rend susceptible d'être détenu par un plus petit nombre de mains dans lesquelles, vraie marchandise, son prix varie au seul profit de ses heureux détenteurs relativement à celui de toutes les autres marchandises, selon l'intensité du besoin qu'il laisse privé de satisfaction. D'ailleurs, il est facile de le concevoir, l'extension graduelle du crédit doit graduellement aussi développer ce besoin; de manière que l'insuffisance de ce type trompeur de la valeur des autres produits réduise périodiquement leur prix à la mesure du prix du métal qui s'offre pour les payer.

Et quelle autre que la banqueroute peut être la tendance finale d'une évaluation de toutes marchandises par rapport au métal monnayé ? Quelle autre que la banqueroute, seul moyen de rétablir *momentanément* l'équilibre entre la dette et l'acquittement (1) ? Grâce à la briéveté des échéances, la banque-

---

(1) Baisse du prix de la monnaie relativement aux marchandises. — Banqueroute légale du débiteur; celui-ci donne en valeur générale moins qu'il avait promis. — Hausse du prix de la monnaie. — Exaction légale du créancier : celui-ci se fait donner en valeur générale plus qu'il ne s'était fait promettre.

Conclusion : invariabilité de la valeur monétaire; — condition absolue de la réalisation *intentionnelle* des contrats.

route est partielle, et le commerçant dont elle atteint les intérêts, la croyant généralement évitable par les autres, en rejette tout le tort sur l'infortuné dont elle ruine jusqu'à la dernière espérance. Si, cependant, les crédits laissaient s'accumuler les dettes pendant vingt ou dix ans seulement, au lieu de quelques mois, au terme fatal, la banqueroute serait générale, se résumant dans une réduction forcée de toutes les dettes stipulées acquittables en argent, et finalement dans la quantité qui s'en présenterait pour payer les produits destinés à les acquitter. Ne voit-on pas, en effet, l'actif d'un failli se réduire des deux tiers aux trois quarts, ou plus encore par la vente forcée et publique de ses marchandises, sous condition du payement *en espèce* ?

Et la nécessité de rétablir l'équilibre entre la dette et les moyens de son acquittement, ne fut-elle pas le motif déterminant de ces fréquentes altérations de monnaie pratiquées par tant de gouvernements jusqu'au siècle dernier ? Payer avec une quantité moindre une dette stipulée en une plus grande quantité de métal monnayé, n'est-ce pas faire banqueroute ? Par l'altération des monnaies tout débiteur faisait donc banqueroute *légalement* et la dette était éteinte. Depuis que la pratique de cet expédient est abandonnée, la banqueroute, légalisée sous le nom plus honnête de faillite, est personnelle et consomme la ruine du débiteur sans indemnité pour le créancier. La dette est perpétuelle et perpétuellement inacquittable—en argent,—tandis que le plus ordinairement elle pourrait s'acquitter en valeurs d'autres sortes, si ces valeurs avaient été monétisées comme celle du métal. Mais ce mode brutal de liquidation (peut-être, d'ailleurs, condamné trop légèrement par les économistes) ne s'employait pas sans causer une fâcheuse subversion dans l'ordre des fortunes légitimement acquises. Il ne pouvait, en outre, avoir qu'un effet temporaire, et les mêmes nécessités devaient fatalement ramener à cet empirique procédé de multiplication monétaire, consistant à représenter une valeur en richesses diverses, *sans cesse croissante*, avec une quantité du métal privilégié sans cesse décroissante relativement, quoique conservant la même dénomination comme mesure de valeur, et l'on peut juger des fruits de ce procédé par l'infériorité du poids des pièces servant à représenter en valeur, et conséquemment à payer

aujourd'hui des objets à peu près équivalents à leurs analogues que, sous la même
dénomination, elles payaient il y a huit siècles, malgré les immenses importations de
cette marchandise effectuées en Europe
depuis le quinzième siècle. Sans cette
énorme addition, quel serait aujourd'hui
le poids d'une pièce d'un franc qui dans
les temps anciens était de 12 onces ou
375 grammes, réduits actuellement à cinq ?
Quelle multiplication d'une monnaie restée
fatalement toujours également insuffisante
à la satisfaction d'un besoin de transmission de produits auquel, — ainsi que
nous l'avons observé, — la monnaie ne peut
suffire qu'à la condition « d'en représenter
exactement la valeur, » ce que ne peut jamais
faire une monnaie-marchandise privilégiée,
dont le prix est toujours, comme celui de
toute marchandise, en raison inverse de son
abondance.

Le commerce d'argent a d'abord été dévolu à une seule classe de commerçants ; et
longtemps exploité par les membres d'un ancien peuple, le plus habile au maniement
des monnaies, peuple répandu au milieu de

tous les autres et favorisé, par cette circonstance, de tout l'avantage que l'habileté peut tirer de la fraternité de relations répandues sur le monde entier, lorsque cette habileté se fixe sur une marchandise relativement rare et partout de jour en jour plus nécessaire. La dénomination de ces commerçants ou marchands d'argent a varié selon les temps et les lieux. En Europe, la dernière qui leur reste affectée est celle des banquiers.

Le commerce de banque, exercé par des individus sans union les uns avec les autres, ne pouvait qu'imparfaitement satisfaire à la mission qui leur était dévolue, celle de distribuer l'argent avec un discernement équitable en raison composée de l'affluence des demandes et de la quantité disponible. La difficulté s'accroissait nécessairement de toute celle d'élever cette quantité disponible et de la maintenir (le plus possible) au niveau du besoin. Alors la puissance de la collectivité est venue au secours de l'individualité ; des banques publiques se sont instituées. Ces banques ont été le fruit du concert spontané de tous les commerçants les plus éminemment intéressés à cette création. A leur origine, la mission spéciale des banques consistait à recevoir en dépôt une valeur en métal-monnayé dont elles donnaient aux déposants des récépissés destinés à leur faire retour contre les dépôts, et ce retour était toujours plus ou moins retardé par l'emploi utilement fait de ces titres comme monnaie d'échange. Les dépôts donnaient lieu d'ouvrir des comptes, et ces comptes à opérer entre les clients des banques de ces virements de partie qui, dans ce cas, suppléaient à l'emploi des fonds.

Mais le commerce ne pouvait longtemps trouver suffisante à ses besoins l'étroitesse des services d'une banque privée de la faculté de multiplier la monnaie, et la nécessité de cette multiplication donna naissance à la banque que l'on nomme banque de *circulation*, quoique cette dernière n'ait jamais pensé, même, à satisfaire au plus urgent des besoins du commerce, la circulation *fictive* de ses produits en vue de leur finale *transmission*.

La valeur des produits est, en dernière analyse, mesurée par *la monnaie*, considérée comme suffisante à la payer. Celle des produits de chaque marchand, estimée à prix d'argent, est, depuis longtemps, représentée par *sa* monnaie privée, sa monnaie de papier, son billet appuyé par la promesse d'argent avec ajournement. Que faut-il maintenant au souscripteur de cette promesse à terme fixe ? Il faut que, substituée *provisoirement* à l'argent promis, elle circule jusqu'au jour de son échéance. Mais pour atteindre ce but, encore lui faut-il la garantie d'une caution *reconnue suffisante*, et la banque fut cette caution. Intervenant entre le public et le souscripteur, sa garantie se réalisa par la substitution de son propre billet, *à vue*, dans la circulation, au billet personnel, *à terme*, conservé par elle en gage jusqu'à son échéance, comptant cependant, en faveur de ses billets, sur une circulation monétaire assez longtemps prolongée pour donner aux échéances de son portefeuille le temps de venir utilement en aide à l'acquittement successif de ces mêmes billets *à vue*.

Le billet de la banque fut donc sa monnaie de papier, représentant, en valeur, son portefeuille, dont les effets étaient remplacés dans la circulation par son papier reçu comme *comptant*.

Maintenant quelle devait être la base du crédit nécessaire à la circulation du billet de banque ? Rationnellement, elle consistait dans son portefeuille, dont les titres plus ou moins solides étaient du moins censés représenter une valeur réelle en produits, au moins égale à celle des billets à vue, avancés par elle à sa clientèle en échange des siens.

Or, la valeur réelle d'un billet est proportionnelle au crédit mérité par son auteur. Les billets du portefeuille de la banque ne pouvaient, à ce point de vue, être considérés comme ayant tous une valeur égale, et, de plus, aucun d'eux ne pouvait s'égaler en valeur au billet destiné à les généraliser et garantir tous. Une appréciation relative, acceptable par le public, aurait donc été la condition nécessaire de l'acceptation au pair du billet de banque par le public (1).

Cette appréciation relative ne peut être le fait d'aucune institution : l'équité n'en peut être reconnue qu'à la condition qu'elle ait la sanction d'un cours authentique, et le public

______

(1) Divers établissements ont tenté récemment de se former sous la dénomination des crédits solidaires. Mais faute d'avoir pris en considération cette nécessité d'une échelle d'appréciation relative, et de l'apport d'un complément pour combler les écarts entre les titres personnels et les titres généraux qui devaient les remplacer dans la circulation, ces tentatives sont restées à l'état d'utopie irréalisable par l'exclusion systématique de tout capital social.

n'était pas apte à faire une appréciation de cette nature. Comment et à quelle *bourse* pourrait s'établir le cours du change de signatures, les unes à l'égard des autres, et presque toutes plus ou moins généralement inconnues.

La banque a tranché la difficulté qu'elle n'eût pu résoudre : elle a fait, elle-même, dans la balance de la confiance publique, un apport de capital suffisant à faire pencher de son côté le plateau du crédit. Prenant à sa charge la responsabilité des non-valeurs, et le besoin du commerce aidant, les billets de la banque ont eu cours *monétaire*, et elle les a vendus au commerce concurremment avec son argent en échange des effets apportés à son portefeuille.

Ce commerce de monnaie, exercé dans les temps modernes par la banque collective, à l'aide de l'intervention, entre elle et le public, de banquiers, ses premiers clients, garants eux-mêmes, à son égard, des effets de ce public, devait être d'autant plus lucratif qu'il s'exerçait en plus grande partie par l'emploi d'une matière, d'un coût considéré comme nul pour elle; l'appât d'une participation aux bénéfices, grossie de tous les avantages assurés par le monopole privilégié, lui a rendu facile l'obtention du capital conditionnel de l'exercice de ses attributions. La réalisation de ce fait est surabondamment attestée par les prix auxquels se sont élevés ses titres bénéficiaires, les actions de la banque de circulation en général.

Cependant la limite de ses services reste fatalement bornée par la valeur qu'elle peut posséder de réel en argent, en qualité de caution de l'acquittement, en ce métal, des effets de son portefeuille, promettant cette espèce exclusivement.

Or, cette somme en sa possession est limitée elle-même, et ne peut dépasser celle qui peut être retranchée à d'autres besoins sur la totalité de la valeur qui en est livrée à la circulation générale. Cependant, et par suite même de la multiplication monétaire, résultant du monnayage de son portefeuille, c'est-à-dire, des billets de tous ses clients, les opérations de ces mêmes clients prenant une extension progressive, et, par cette extension, rendant également progressif l'appel à l'argent, il est facile de prévoir que le temps doit arriver où cet appel débordera la faculté de la banque d'y répondre, tellement qu'une nouvelle multiplication monétaire deviendra indispensable sous peine de crises plus ou moins fréquentes et plus ou moins longtemps suspensives du travail productif de la richesse, et conséquemment plus préjudiciables au bien-être social et individuel.

Quelles seront les bases statutaires de la banque de l'avenir, d'une banque capable de satisfaire au besoin progressif d'un accroissement de numéraire mesuré sur le développement promis à l'industrie par un crédit dont la pratique doit elle-même s'étendre chaque jour davantage, étant, avec le travail, seule capable d'assurer la subsistance à cette multitude échelonnée, à tous les rangs d'une société essentiellement composée de producteurs ?

Cette question mérite un examen approfondi.

⸻ ⊲•◉•⊳ ⸻

V.

Dans une des pages précédentes, nous déplorions l'indifférence que la plupart des

commerçants, quoique les plus éminemment
intéressés à son accomplissement, semblent
mettre à la réforme d'un système monétaire,
dont la défectuosité arrête journellement le
déployement de leur énergie productrice. Et
pourtant que faut-il pour remédier à cette
défectuosité? Pour peu qu'on observe avec
quelque attention le fonctionnement de ce système, l'on reconnaît le vice qui le condamne
à une constante irrégularité de mouvement
avec intermittence de suspensions plus ou
moins fréquentes et durables , et l'examen
même des causes mène à la découverte du
correctif, seul capable de rendre enfin ce
fonctionnement conforme aux fins de l'institution commerciale : ce correctif consistera dans la monétisation, non pas — comme,
jusqu'à ce jour, on a seulement encore tenté
de le faire — des richesses commerciales
elles-mêmes par le simple énoncé de la quantité de valeur qui leur est attribuée sur le
marché propre à chacune d'elles, mais bien
de leur puissance circulatoire respective ; ce
qui ne peut être que le résultat du mesurage
de cette puissance respective au moyen d'un
type monétaire dont l'unité (1), appropriée à

---

(1) L'habitude trop exclusive de l'emploi d'une unité

cette monétisation, soit de nature et dénomination (1) différentes de celle de l'unité
servant à déterminer *seulement* la valeur vénale ou *matérielle* de chaque spécialité commerciale : unité nouvelle, *complémentaire*,
enfin , du système monétaire en vigueur,
et dont l'office sera de servir *à niveler entre
eux, en* PUISSANCE CIRCULATOIRE, les signes représentatifs de cette valeur vénale, les titres
spéciaux de la nouvelle monnaie fiduciaire,
par une judicieuse application, à ces titres,
de la loi du CHANGE réciproque, clef indispensable à leur accès sur le vaste champ
d'une circulation GÉNÉRALE.

Cependant quelques esprits distingués se

---

matérielle au mesurage de la valeur également matérielle des richesses commerciales , rendrait-elle , à
quelques esprits encore, notre idée insaisissable ? Qu'on
veuille bien y réfléchir ! La puissance de circulation
n'est pas moins susceptible d'être mesurée, et sa quantité numériquement exprimée, que celle de la lumière,
de la durée du temps, de la température, etc., au mesurage de laquelle s'emploient si utilement les unités,
minutes, degrés ou autres appellations distinctives de
leurs diverses natures.

(1) Nous oserions proposer le mot *néonome* pour
désigner notre nouvelle unité monétaire; en grec, *neos*,
nouveau ; *nomos*, règle.

sont émus à l'appréciation réfléchie d . . éelle et fatalement progressive insuffisa . . le la *monnaie-marchandise*, à satisfaire aux besoins de la circulation.

Nous citerons, comme les premiers en date, MM. Mazel frères, qui, dès l'année 1830, arborèrent hardiment l'étendart de la monnaie *représentative de valeur*, qualifiant ainsi la promesse de livraison en *produits commerciaux*. En échange de ces promesses, leurs auteurs recevaient de MM. Mazel des titres portant, en unités monétaires usuelles, c'est-à-dire en francs, le prix pour lequel il était souscrit de ces promesses; MM. Mazel, recevaient, en outre, dans un bazar, des produits déposés par leurs détenteurs. Ces produits étaient étiquetés aux prix courants du marché qui leur était propre, et pouvaient, sous condition d'équivalence *nominale*, s'échanger à la diligence des directeurs du bazar, contre d'autres marchandises ou réelles ou représentées par d'autres promesses de livraison, ou bien encore contre les titres monétaires créés par MM. Mazel en représentation des valeurs consignées. Les promesses de livraison spéciales étaient dénommées par ces novateurs : *bons d'échange*.

Une intention monétisatrice des produits était le fait économique dominant dans ce procédé : c'était la première tentative de réalisation de cette maxime de l'immortel A. Smith : « Une guinée peut être considérée » comme un billet sur toutes les marchan- » dises du voisinage pour une certaine quan- » tité de choses nécessaires et commodes. » (L. II, ch. II, p. 52.) La guinée, c'était le titre émis par les fondateurs de l'échange pour représenter le bon d'échange donnant droit de prendre en retour telle ou telle marchandise étiquetée du bazar ou du magasin du souscripteur du bon. Quoi de plus simple et de plus effectif, en apparence !

Et pourtant, MM. Mazel n'avaient encore fait qu'effleurer le problème de la *monétisation des produits* par leur représentation en signes de leur valeur, exprimée en francs sur le papier, qu'ils entendaient, par ce seul procédé, ériger en monnaie courante; ils ne l'avaient pas, à beaucoup près, résolu. Une douloureuse expérience ne tarda pas à les désillusionner à cet égard, et, faute d'avoir prévu et de reconnaître le vide laissé à ce système, ou, peut-être encore, faute de connaître le moyen de le combler, leur épreuve échoua complétement.

C'est ici le lieu d'observer que le mot *monétiser* constitue un néologisme que les nouvelles idées, en fermentation aujourd'hui, sur la pratique de l'échange, obligent les personnes qui traitent de ces idées d'introduire dans le langage économique.

La *monétisation* n'a jamais été pratiquée spontanément. Elle n'a pu être (déjà nous l'avons exprimé) que le fruit d'un usage insensiblement établi en faveur de quelque objet de la prédilection générale parmi les échangistes, d'abord *troqueurs* de tous objets d'échanges les uns contre les autres et sans considération de rapport de valeur entre eux.

Cette appréciation une fois faite par l'érection de l'objet privilégié en monnaie, il n'appartient plus à aucune dictature d'obtenir par un décret la substitution d'un nouvel objet comme monnaie, c'est-à-dire comme mesure de la valeur de tous les autres, d'obtenir, disons-nous, cette substitution à celui dont l'usage est pratiqué déjà d'un consentement TACITE et universel.

Ce fait, au-dessus de la portée de toute

puissance dictatoriale, s'appellerait *monétisation nouvelle*. N'ayant jamais eu lieu, le mot
qui l'exprime ne doit donc encore se trouver
dans aucun dictionnaire ; aussi le cherche-t-on
vainement dans les plus classiques.

Cependant, l'insuffisance fatale d'un objet
commercial *quelconque* à servir, d'un consentement *universel* et *constant*, d'instrument
monétaire des échanges par un énoncé de
quantité de la valeur *renfermée en lui*, conduit naturellement à la recherche des moyens
d'étendre cette monétisation, accomplie à
l'égard de cet objet, jusqu'aux dernières limites du besoin, et, logiquement, à donner
droit d'être *monétisé*, non pas, sûrement, à
tout objet apprécié sur un marché *quelconque*,
mais au signe de la valeur à laquelle il PRÉ-
TEND, apprécié lui-même eu égard à sa puissance circulatoire déterminée, d'une manière relative, par la comparaison entre eux
des rapports d'offre à demande de ces divers signes de valeurs *spéciales* sur le marché
général, détermination qui conduit à la fixation de la valeur monétaire de chacun d'eux,
si différente de la valeur *vénale*.

Ce serait donc une très grande erreur de
a part d'un échangiste de croire qu'il dé-

pendît de lui de *monétiser* telle ou telle de ses marchandises, et qu'il ne s'agît pour cela que, l'ayant étiquetée, de la mettre en circulation sous forme d'un bon de livraison à libeller conformément à l'étiquette. Nous le répétons, il ne lui appartient nullement de monétiser sa marchandise, sous forme de bon de livraison, comme élément de la monnaie dans la composition de laquelle tout objet ayant valeur échangeable a, selon nous, droit d'entrer au même titre que les métaux précieux. Mais, comme nous l'avons fait observer, pour que cette *monétisation* s'effectue, au lieu du simple monnayage qui résulterait de l'assimilation du bon de livraison à la monnaie métallique, il faut estimer la valeur de ce bon en raison de l'affluence des bons semblables sur la place, comparée à celle des bons d'autres natures, et de la plus ou moins grande rapidité circulatoire des uns et des autres, comparée elle-même à celle de la MONNAIE appelée à les représenter dans la circulation générale, sous une dénomination quelconque.

Cette comparaison, dont le fait est d'un ordre supérieur à toute volonté privée, donne lieu à la création d'un tarif du change que les divers titres circulatoires doivent acquitter les uns à l'égard des autres pour avoir un droit égal au mouvement circulatoire, et le témoignage de cet acquittement à l'égard de la monnaie générale, placé en regard de la valeur *vénale* à fournir en une spécialité, constitue cette *monétisation*, privé du secours de laquelle le souscripteur du bon n'a fait que *monnayer* son produit en en exprimant le prix en unités monétaires de sa prédilection, et sans se préoccuper de savoir si cette prédilection sera sanctionnée par un acquiescement général des échangistes, et conséquemment quelle différence une décision contraire pourrait apporter entre son appréciation et celle qui serait faite par l'emploi d'une mesure de valeur ou unité monétaire différente de la sienne et servant de mesure de puissance circulatoire.

Pour terminer cette longue dissertation, nous ferons observer que, sans la monétisation telle que nous la comprenons, le monnayage des diverses spécialités commerciales resterait bien loin d'équivaloir pour elles au monnayage des métaux, consistant à déclarer ou plutôt à décréter, à tort ou à raison, que tel ou tel poids d'un métal privilégié conservera indéfiniment, relativement à toute autre marchandise, son prix marqué en unités monétaires, ce que nul marchand ne peut faire au profit de sa marchandise, mais ce qui peut être fait, en faveur de l'universalité des produits commerciaux, par le concert unanime de tous leurs détenteurs représentés par l'autorité arbitrale constituée par eux pour équilibrer l'exercice de leurs droits respectifs à la monétisation générale de leurs richesses, toujours à ce point de vue de la circulation.

Or, MM. Mazel n'avaient considéré comme condition absolue d'équivalence entre les bons d'échange que leur égalité nominale, et comme condition de *monétisation* que la seule identité des prix étiquetés avec les prix cotés sur les marchés. Mais les échangistes voulaient l'accomplissement d'une autre condition, et cet accomplissement, ils n'ont pas manqué de s'en appliquer les avantages tant que l'assortiment offert à leur convenance le leur a permis, ce qui, malheureusement, ne pouvait se faire sans produire la détérioration graduelle de cet assortiment. Cette condition était pourtant très légitime, c'était celle de la convenance personnelle.

Le premier fait à observer dans l'économie de l'échange des produits consiste dans leur graduation sur l'échelle de l'utilité générale. Cette graduation sert de régulateur aux opérations de tout commerçant se proposant d'opérer sur une pluralité de produits. La proportion qu'il suivra, pour l'emploi de ses fonds, dans la formation de son assortiment, se réglera toujours sur le rapport des offres et demandes faites chez lui de ces divers produits. S'il en agissait autrement, il se trouverait bientôt réduit à la vente des objets le moins demandés, et son commerce ne pourrait que s'amoindrir graduellement en échantillons.

Un commerçant peut cependant laisser se réduire son assortiment sans se constituer en perte, ni peut-être même sans amoindrir l'importance de son commerce. Mais il n'en serait pas de même d'un banquier qui, acquérant des titres présentant en valeur des produits de toutes natures, en ferait l'échange contre d'autres, à la seule condition d'équivalence nominale entre eux et de l'exacte tarification des produits représentés, conformément à leurs prix courants, *sur leurs marchés respectifs*. Les bureaux de ce banquier peuvent être considérés comme le marché général où affluent toutes offres et demandes. Or, sur ce marché, il est à prévoir que la loi de convenance personnelle servant de régulateur à la demande publique, les objets de l'écoulement le moins actif, s'ils s'y échangent *au pair*, seront apportés les premiers dans la plus grande abondance, pour être échangés contre ceux qui sont dans la condition contraire. Que, dès lors, si ce banquier admet pour unique élément d'appréciation relative des titres représentatifs leur équivalence nominale, les échangeant en qualité de simple commissionnaire, ses commettants seront lésés, l'échange ne pouvant avoir été fait qu'à leur préjudice. S'il a fait cet échange contre ses propres titres généraux exprimant valeur *en monnaie générale*, la liquidation de ces derniers titres ne peut s'effectuer sans qu'une comparaison soit bientôt faite entre leur valeur et celle des titres spéciaux offerts pour acquit, et, par ces porteurs, appréciés en raison de leur puissance circulatoire respective. Or, le résultat inévitable de cette comparaison ne pouvant qu'être défavorable aux derniers, exclusivement spéciaux et inégaux de valeur entre eux, et surtout inférieurs en valeur aux titres généraux, la liquidation ne pourra se faire sans une perte incombant de droit au commissionnaire.

Et tel fut l'écueil imprévu contre lequel, après une navigation dont les premiers jours semblaient promettre le succès le plus satisfaisant, s'est brisé le vaisseau de l'échange sous le pilotage de MM. Mazel.

En dépit de cette expérimentation, pourtant, ce nous semble, assez significative, une multitude d'essais semblables ont été successivement renouvelés et (quel témoignage plus irréfragable de l'urgence d'une monétisation nouvelle?) tous successivement accueillis avec faveur, disons même, trop de faveur, par un public dont une partie, la moins nombreuse, peut-être, croyait y trouver la réalisation de ses vœux les plus légitimes, tandis que l'autre partie n'y cherchait que l'occasion d'exploiter à son profit la bonne foi enthousiaste des premiers, fait qui ne put manquer d'amener une réaction de l'opinion publique contre l'idée, si féconde pourtant, de la MONÉTISATION de TOUTE richesse commerciale. Cependant le besoin de cette monétisation n'en devient pas moins de jour en jour plus urgent. Or, les premières tentatives faites

ont au moins le mérite d'avoir signalé le but
et ouvert la voie. Le but est l'objet d'une aspiration fondée sur le besoin réel de l'atteindre. Reste aux zélateurs du progrès social à
signaler les conditions absolues du succès de
toute tentative nouvelle vers ce but si rationnel ; conditions à la découverte desquelles
doit, du moins, avoir le mérite de nous conduire, la déconvenue que les premiers expérimentateurs ont due surtout, peut-être, au
tort d'être venus les premiers.

VI

La monnaie de papier fut le premier témoignage de la possibilité de pratiquer le
crédit qui lui donna naissance, et dont ensuite elle favorisa l'extension graduelle. Le
fruit le plus saillant de cette extension consista dans la multiplication successive d'une
monnaie toute *fiduciaire*. Celle-ci, conformément aux exigences de l'office que toute
monnaie est appelée à remplir, ne devrait

trouver de limite à sa création que celle du besoin qu'en éprouvent les échanges ; mais la difficulté apportée à son acquittement, avec aggravation périodique, par le privilége irrationnel de la monnaie métallique d'intervenir dans tout acquittement, a dû constamment, à des périodes de plus en plus rapprochées, restreindre l'essor de cette multiplication, toujours cependant de plus en plus urgente.

Irrationnel, disons-nous. En effet, écoutons cette leçon du même économiste précédemment cité, dont nul ne pense, sans doute, à récuser l'autorité : « Celui qui n'a qu'une » guinée de pension par semaine peut en » acheter une certaine quantité de subsistance, de commodités et d'amusements. » Sa richesse réelle, son revenu réel par se» maine est grand ou petit en proportion de » cette quantité. Il n'est certainement point » égal et à la guinée et à ce qu'elle peut lui » procurer, mais à l'une ou à l'autre de ces » valeurs égales, *et plutôt à la dernière qu'à la* » *première*. Si on donnait à la personne qui a » cette pension, *non pas de l'or et de l'argent*, » mais une lettre de change d'une guinée, » son revenu consisterait moins proprement

» dans le morceau de papier que dans ce
» qu'elle pourrait avoir en échange... Le re-
» venu de la personne, conclut A. Smith,
» consiste moins dans la pièce d'or que
» dans ce qu'on peut se procurer avec
» elle. Si on ne pouvait l'échanger contre
» rien, elle serait comme un effet sur un
» banqueroutier et n'aurait pas plus de va-
» leur qu'un chiffon de papier qui n'est bon
» à rien... »

Ces vérités sont devenues tellement tri-
viales aujourd'hui, que nous demanderions
pardon de les répéter si, par des causes qu'il
importe d'amortir, quelque fondées qu'elles
paraissent peut-être encore aux esprits routi-
niers, le préjugé exclusif en faveur de la
monnaie-*marchandise* n'opposait encore à l'i-
nauguration de la *monnaie*, simple SIGNE DE
VALEUR circulatoire, ou monnaie fiduciaire,
une résistance que n'ont pu vaincre ni les
enseignements de la science économique, ni
le sentiment des souffrances que prolonge
l'exercice d'un tel privilége.

On sait cependant (et l'usage journalier
qui s'en fait prouve qu'on en a conscience)
que « la substitution du papier à l'or et à l'ar-
» gent remplace un instrument de commerce

» fort dispendieux par un autre qui coûte
» beaucoup moins et qui est quelquefois tout
» aussi bon. La circulation se fait par une
» nouvelle roue qui s'établit et qu'on entre-
» tient à beaucoup moins de frais que l'an-
» cienne. (*Ib.*)» Cette substitution est celle
des effets de commerce. Son utilité a été tellement reconnue, que, pour qu'elle se fît sur
une plus grande échelle, il s'est formé des
établissements se donnant pour attribution,
comme nous l'observions précédemment, de
généraliser les monnaies privées en papier,
en y substituant la leur propre, comme susceptible d'obtenir à leur place une puissance
de circulation dont, par eux-mêmes, ces titres privés resteraient dénués, et c'est par ce
motif que ces établissements ont été dénommés *banques de* CIRCULATION dans le vocabu-
laire de la science économique.

Qu'a voulu le célèbre Law ? Substituer le
crédit du roi au crédit des particuliers dont il
aurait escompté les effets avec les billets de la
Banque *royale*, se fondant sur ce qu'il ne devait pas exister de crédit mieux fondé, ni susceptible d'une aussi grande extension que celui du roi, et que, dès lors, cette substitution
aurait pour effet la multiplication de monnaie

la plus assurée d'être constamment mesurée sur le besoin public, soumis lui-même à l'appréciation *royale*.

D'après ce système, la royauté se rendait garante de l'acquittement de tous les titres remplacés dans la circulation par ses propres titres, les billets de la Banque royale.

L'idée était brillante et spécieuse, mais captieuse. Il manquait à l'application effective du système la reconnaissance populaire du droit de propriété du roi à l'égard de la richesse publique résumée dans celle des *sujets*, ce qui est de l'essence du plus pur communisme, et ne pouvait être admis par une société se croyant fondée tout au contraire sur le droit de propriété *personnelle* (1).

---

(1) Le roi, écrivait Law (*Lettre sur le nouveau système des finances*, Guillaumin, p. 694), a le pouvoir direct sur ceux qui recèlent les espèces, parce que « elles n'appartiennent aux particuliers *que par* » *voie de circulation*, » et qu'il leur est *défendu* de se les *approprier* dans un autre sens. Non pas, ajoute-t-il, qu'il doive se les approprier à lui-même, mais comme appartenant à l'État par lui représenté, « *pré-* » *cisément* comme lui appartiennent les grands che- » mins, qu'il peut changer selon *son* appréciation du » besoin public, pouvant *de même* juger l'utilité » d'empêcher que personne enferme les espèces dans » ses domaines.. »

6

Les questions d'ordre public que le *communisme* prétendrait résoudre aujourd'hui n'étaient pas à l'ordre du jour sous le règne de Louis XV; mais le simple bon sens, ou plutôt l'instinct de conservation, suffit à décider du sort du système de Law, en dépit de la perspicacité de ce génie financier, aidée même encore par le déploiement de toutes les forces de l'agiotage le plus effréné. Avant l'expiration de trois années, il n'en existait plus que les ruines des fortunes privées qui s'étaient obstinées à la poursuite de son Eldorado. Et comment en eût-il été différemment? Quels produits d'utilité publique le roi pouvait-il promettre en retour de ses billets? De l'or et de l'argent, et rien autre chose; aussi ses billets le promettaient-ils. Mais combien pouvait-il en posséder? La seule somme qu'il pût s'en procurer sur les douze cents millions de valeur qui, selon Law lui-même, en existaient alors dans le royaume, et dont il ne put bientôt acquérir la moindre partie qu'à l'aide des ordonnances royales les plus attentatoires au droit de propriété *personnelle* de la monnaie légale, ordonnances dès lors radicalement impuissantes à triompher de la résistance invincible de l'amour de la propriété et des droits qui la caractérisent dans l'opinion générale.

Qu'il en eût été bien autrement si, au lieu de métal monnayé, la Banque royale avait offert et pu procurer, en échange de ses billets, tous les produits qui constituent la richesse commerciale, ou si du moins, à défaut de cette banque, la Compagnie des Indes y avait pu suppléer! Mais non, c'était de l'argent qu'il fallait, et cet argent n'existait pas à la portée de la banque, même en perspective. Tout ajournement devenant impossible, la banque a fait banqueroute, et, à sa suite, combien d'autres?

Cet examen nous amène à faire mention, non d'aucune tentative de résurrection du papier-monnaie d'État faite récemment, mais du moins des propositions qui s'en sont hasardées, et qui toutes ont échoué, sans doute, comme ayant été reconnues fondées sur un principe aussi répulsif au sens public que celui de l'omni-propriété royale, nous voulons dire : l'illimitation du crédit de l'État, principe que les auteurs de ces projets prétendaient corroborer encore, prétention singulière! par la non-remboursabilité, ou tout au moins par l'ajournement indéfini du remboursement!

Enfin, combien n'a-t-il pas été proposé d'expédients, depuis le projet de M. Ciescowsky jusqu'à la banque rationnelle de M. Ém. de Girardin, pour donner à la banque de circulation le moyen d'étendre le cercle étroit de ses services *par la multiplication de* SA *monnaie!* et tous sous la condition de l'intervention de l'État, conduisant au cours *forcé!*(1) Et, de nos jours, à quel fruit se réduit cette intervention? A une allocation de privilége à la faveur duquel nos banques de circulation doivent leur naissance et, peut-être encore, la conservation d'une précaire existence.

En effet, dans un pays tel que la France, n'a-t-on pas récemment vu son gouvernement, d'ailleurs si puissant et si capable, ne trouver à cette grave question de multiplication du signe monétaire une solution plus fructueuse que celle consistant dans une prolongation de privilége à l'aide de laquelle la

---

(1) Dont une crise nouvelle inspire déjà la demande en France, par *duplicata*, à tant de commerçants qui ne se connaissent pas encore aujourd'hui (octobre 57), une autre voie de salut. Et quelle voie encore!!!

Banque pût fructueusement faire un nouvel appel au capital actionnaire, pour, à l'aide du succès de cet appel et conformément à l'esprit de ses statuts, donner une plus grande extension à la création de sa monnaie fiduciaire, de ses billets?

Et quel est le fruit le plus salutaire que promette cette mesure? Un simple déplacement de fonds disponibles, mais sans nul accroissement de quantité ni de valeur. Augmenter, dira-t-on, la puissance de son crédit. Mais ne reconnaît-on pas que la source de ce crédit réside dans le portefeuille bien plus que dans la caisse? Et cette vérité n'at-elle pas été surabondamment justifiée par son triomphe de la crise néfaste de 1848? Ne lui a-t-il pas suffi d'un simple ajournement sanctionné par la confiance et le besoin publics et appuyé d'un décret protecteur de son domicile contre l'invasion des huissiers? A-t-elle alors fait appel à des écus qui, certainement, seraient restés à l'ombre? Non. La réalité présumée de la valeur de son portefeuille a suffi complétement à son salut. Son succès n'était, en effet, qu'une question de temps, du temps à donner aux écus pour sortir de leur retraite et réaliser suffisamment les espérances des porteurs de billets à vue. Que ceux-ci circulent encore en attendant les échéances du portefeuille! Cependant l'échéance ne pourrait-elle pas être improductive? De quatorze à quinze milliards, nous dit-on, d'effets de trente à cent vingt jours, circulant sur l'étendue de la France, et, pour satisfaire à leurs promesses, moins de trois milliards en valeur monétaire! sur ces trois milliards, combien la Banque peut-elle en attraire, et de cette portion, combien sera-t-il obtenu pour satisfaire à l'exigence du portefeuille, d'abord, puis ensuite à celle des billets? C'est peu, sans doute; mais l'émission de la Banque n'a-t-elle pas pour limite la prévision de la réapparition et de la disponibilité des écus? Cependant là solution de la difficulté ne pouvait être l'affaire d'une échéance, et l'attermoiement devait se prolonger assez pour que les écus eussent le temps de faire leur service arriéré, et, affranchissant successivement les effets du portefeuille, d'amener enfin la clôture de la phase d'attermoiement de la Banque, au moins jusqu'à renouvellement de crise.

Et quelle fut la principale cause de la conservation du crédit de cette Banque? L'in-

térêt même des clients dont les signatures
remplissaient son portefeuille, signatures devant toujours être considérées comme formant entre elles une mutualité banquière
dont les services, consistant dans la généralisation des valeurs privées, doivent sur
tout s'appliquer aux besoins des membres
mêmes de cette mutualité. Or, ceux-ci con-
naissaient nécessairement la valeur du portefeuille qu'ils avaient rempli ; ils savaient
également apprécier l'importance dont était
pour eux la continuation des services que
leur rendait la multiplication de la monnaie
de crédit par l'intervention de leur propre
Banque : pouvaient-ils dès lors lui retirer un
crédit fondé par eux-mêmes, et dont le retrait eût consommé leur propre ruine ? Prévenir ce retrait par l'entretien du mouvement circulatoire de la monnaie de la Banque, 500 millions environ ! était donc une
condition absolue du salut de leurs propres
intérêts ; ils n'y pouvaient faire défaut ; ainsi
la Banque devait être sauvée ; elle fut sauvée.
Sa base en est-elle plus solide, sa constitution plus rationnelle? On en pourra juger à
la future crise.

Quelle fut la cause originaire des anxiétés

de la Banque? La rareté, l'insuffisance du
métal, d'abord dans la caisse de ses clients,
et, par suite, dans la sienne à elle-même. La
solvabilité, dans la vraie acception de ce mot,
ne leur manquait pas; les faits l'ont prouvé.
Mais les besoins d'argent s'étaient accumulés
pendant la durée de *la prospérité toujours
croissante* (phrase historique), et par suite
même de l'extension du crédit, témoignage
trop souvent illusoire de cette apparente
prospérité; la difficulté de satisfaire à ces
besoins fut révélée et encore aggravée par
une crise politique, de toutes les crises la
plus terrifiante pour l'espèce métallique; les
richesses commerciales de la Banque ne pouvant plus alors se convertir en cette espèce
sans subir une dépréciation nominale qui mît
leur prix en rapport avec la somme de ce métal possible à leur appliquer (car c'est là
tout le secret du mécanisme des hausses et
des baisses de prix), il était trop contraire à
leur intérêt de se soumettre à une telle condition, et, conséquemment, trop contraire à
celui de la Banque de les y contraindre, pour
que Banque et client ne fussent pas bientôt
parfaitement d'accord pour se prêter réciproquement l'appui d'un crédit qui n'était,

en dernière analyse, qu'un crédit *mutuel*, tant de la banque à l'égard de ses clients, que des clients les uns à l'égard des autres. Et ce fut à cette mutualité d'intérêt, condition normale de l'existence de toute banque publique, ce fut à elle seule que la Banque de France dut un salut que ses clients eux-mêmes n'auraient certainement pas obtenu les uns des autres, si leurs intérêts ne s'étaient trouvés reliés dans le lien de l'intérêt collectif de la Banque, de *leur* banque. Avant la Banque de France, celle d'Angleterre n'avait-elle pas éprouvé les mêmes vicissitudes et dû son salut à la même cause ?

Mais quels dangers les porteurs de billets de banque auraient-ils courus, de quels embarras, même, auraient-ils pu être menacés dans quelque circonstance que ce fût, si, au lieu de promettre exclusivement de ce métal, également promis par les effets de son portefeuille, tous avaient promis une valeur égale et même plus grande encore, mais en toutes sortes de produits, dont la présence préalable, dans les docks des débiteurs de la Banque, eût rendu l'atermoiement lui-même immotivé ?

7

VII.

De tout ce qui précède se déduit cette vérité : Pour qu'une banque de circulation mérite cette qualification, impliquant la mission
de faire circuler *fictivement*, sous emblème
monétaire, tout produit commercial, pour que,
dans cette circulation, il trouve son preneur, ayant déjà servi préalablement à solder
de nouveaux achats ; son capital doit se com-
poser de richesses commerciales de toutes natures, représentées en *valeur* par les promesses de livraison de sa clientèle. Or, cette
circulation ne peut résulter de l'emploi
d'une monnaie évaluée en considération de
sa valeur propre, et dont l'acceptation constitue le troc d'une marchandise contre une autre, des écus, que, toutefois, quoiqu'ils ne
représentent aucune spécialité commerciale,
on pense cependant pouvoir échanger contre quelqu'une, appropriée au besoin personnel. En outre, ce troc ne donne aucune notion
exacte de la statistique de la production comparée à la consommation, statistique indispensable à la régularisation normale du travail

productif. Cette notion s'obtenait plus facilement dans les temps primitifs de l'institution
commerciale, temps où les produits se présen-
taient eux-mêmes sur le champ de foire. Là,
en effet, le rapport entre offres et demandes ne
pouvait rester inconnu ; mais, de nos jours,
le voile du secret dérobe au public ce rapport, qu'il est de l'intérêt d'un si grand nombre de dissimuler et de l'intérêt de tous de
connaître ; de sorte que, pour la plus pro-
fonde démoralisation du commerce, le commerçant met sa plus grande habileté, —
condition normale aujourd'hui de son succès, c'est-à-dire du triomphe d'une ambition
égoïste et cupide , — applique , nous le
disons à regret, sa plus grande habileté à en
pénétrer le mystère, pour réussir plus sûrement à préparer aux autres la déception dont
il met tous ses soins à se préserver lui-même.

Que le portefeuille de la banque, au lieu
de renfermer des warrants d'argent exclusivement, en renferme en *tous* produits, ces
warrants ne seront-ils pas bientôt l'objet d'un
négoce fait à ciel ouvert, le ciel d'une bourse
où tous les titres abonderont pour y trouver
leur écoulement, et dont la banque ne sera
qu'une sorte d'entrepôt *partiel*, où ils iront

se déposer pour en être successivement ex-
traits et portés sur les divers marchés? C'est
là que leur valeur relative se constatera par
les divers taux du *change* qu'ils devront acquitter et même qu'ils y acquitteront les uns
à l'égard des autres, taux dont la mercuriale
serait la boussole la plus sûre du commerçant. A cette bourse, en effet, à l'instar de
ces autres titres si recherchés aujourd'hui
sous dénominations de rentes, d'obligations,
d'actions industrielles si variées, toutes appréciées en raison de leurs offre et demande
respectives, afflueront les warrants de sucre,
de fers, cuirs, huiles, et tant d'autres également et réciproquement nécessaires aux échanges et désirant d'y participer. Ces titres, représentant *en valeur* les produits *certains* du
travail, ne porteront-ils pas en eux un gage
d'acquittement bien plus assuré que des promesses, à quatre-vingt-dix jours, d'un métal
dont il ne dépend jamais de l'unique volonté
du débiteur d'acquérir la disposition en temps
voulu?

Constatées par une mercuriale, mais res-
serrées dans des limites chaque jour plus
étroites, les variations du prix du change ré-
gleront la marche de la production. Préservée

par leur statistique officielle de l'engouement d'un aveugle enthousiasme et prémunie contre les hésitations si souvent funestes d'une ignorance fréquemment déçue, l'industrie pourra, d'un pas de jour en jour plus sûr, accomplir tous les progrès dont la science, aujourd'hui, lui garantit la réalisation.

Et les oscillations dans les prix relatifs des marchandises elles-mêmes deviendront de moins en moins sensibles, à mesure que la faculté d'une appréciation éclairée des entreprises, qui se rapportent à leur produit, étant descendue plus à la portée de ceux qu'elle intéresse, cette appréciation réglera plus sûrement leur conduite.

Et le crédit de la banque, indispensable au succès de toute spéculation industrielle, étant le témoignage intéressé, dès lors irréfragable, de sa sanction, la commandite échelonnée des producteurs marchera vers son but d'un pas d'autant plus ferme, qu'elle sera graduellement plus affranchie des entraves qu'apporte à tout paiement le privilége encore exercé, mais désormais sans raison d'être, par une marchandise spéciale monnayée, d'intervenir dans tout paiement des autres richesses.

Alors les warrants, titres représentant les diverses valeurs échangeables, étant distribués par catégories sur l'échelle d'appréciation relative de leur puissance circulatoire manifestée par la statistique des offre et demande de ces mêmes titres sur le marché général ; ces warrants, enfin, jouissant, sur toute la vaste étendue du champ de la production, d'un crédit assuré contre toute contestation par la caution irréfragable de la banque, recevront, dans tous les canaux de la circulation commerciale, un accueil d'autant plus favorable, que le seul aspect du témoignage de cette évaluation *en monnaie* de la banque elle-même, les assimilant à cette même monnaie, les rendra propres à la réalisation de tout acquittement par la certitude acquise à tout échangiste d'en obtenir à *son gré* l'échange par l'intervention de cet établissement.

Mais des résultats si désirables seront exclusivement les fruits de la suppression graduelle de ce privilége, dont sont encore en possession les métaux qualifiés de *précieux*, et la condition absolue de cette suppression consiste dans la création d'une institution ayant pour attribution principale de « cau-

» tionner toutes valables promesses de livrai-
» son et d'en faciliter l'échange par leur mo-
» nétisation ? »

VIII.

Ici surgit une question. Nous avons répu-
dié, pour l'institution de notre banque, toute
intervention étrangère à celle des détenteurs
de richesses commerciales, et conséquemment
celle de l'État, c'est-à-dire du gouvernement
de l'État, prétendant néanmoins appuyer son
crédit par une garantie susceptible d'être considérée comme la plus valable. Sous les auspices de quelle puissance cette institution se
produira-t-elle ? Devra-t-elle sa naissance à
une force individuelle ? Une force individuelle ne pourrait suffire à une telle œuvre,
une œuvre dont le succès n'aurait pas de plus
grand obstacle que la versatilité de la volonté personnelle. Sera-ce, à l'instar de tant
d'entreprises, l'association d'un nombre limité de contributeurs à la formation d'un
capital déterminé ? La limitation du capital
d'une banque de monétisation de *toute* richesse commerciale serait la limitation de

l'exercice d'une fonction qui n'en peut reconnaître d'autre que celle des valeurs à *monétiser* : le recours à l'étroitesse de cette association serait une vicieuse inconséquence.
D'ailleurs, la tendance fatale des sociétés est
le monopole de l'exploitation des besoins publics. Or, la société humaine est formée de
producteurs d'objets utiles à tous ses membres et destinés à être distribués entre tous
selon la convenance personnelle. Cette fonction ne peut donc être confiée à une collection de personnes susceptibles, par le fait
même d'une union qui rend leurs intérêts
distincts de ceux de leur clientèle, susceptibles, disons-nous, de vicier la dispensation
de ses services. Ainsi, nous répudierons le
patronage d'une association, d'une société
limitée quant au capital et quant au nombre des sociétaires, à l'égal de celui d'une
personne seule, et même du gouvernement,
personnification de l'État.

Qui donc patronnera la banque? Qui pren-
dra l'initiative de sa création? Un examen
approfondi de la question conduit à sa solution.

Pour qui cette banque sera-t-elle créée?
Pour tout le monde *commercial*. En quoi

consisteront ses services. Nous l'avons dit, à donner à tout possesseur de richesses la faculté de les monétiser, pour les faire circuler sous forme monétaire. La Banque de circulation n'a pas à exercer son attribution monétisatrice sur des richesses par elle acquises, mais seulement sur des richesses dont la propriété n'est pas, par cette monétisation, enlevée à son détenteur, et bien loin de là, puisque, entre ses mains, elles sont destinées à l'acquittement d'une dette à présentation du titre monétaire par lui créé dans ce but. Qui donc, autre que tout le monde commercial, constituera le capital essentiellement variable de notre banque de circulation ?

Mais il est de la nature du monde propriétaire de vouloir rester constamment libre de sa propriété, ou tout au moins de ne donner à la restriction de cette liberté qu'une limite déterminée et temporaire. Comment concilier cette disposition, ce droit caractéristique de la propriété, avec celui de requérir et de recevoir les services que la banque ne peut rendre qu'à la condition d'une abstension au moins temporaire de l'exercice de ce droit de propriété par le fait d'un délaissement quelconque du capital entre ses mains.

Le dépôt, ou plutôt le délaissement d'un warrant dans le portefeuille de la banque, sans échange *immédiat*, constituera une participation à la formation de son capital, et, selon la loi des sociétés légalement définies, un tel délaissement enchaînerait aujourd'hui la volonté du contributeur, qualifié d'actionnaire pendant toute la durée de la Société. Or, le principe de liberté qui doit présider à la rédaction des statuts d'une association monétisatrice est d'autant plus incompatible avec cet esclavage du capital, que notre Banque devant, sans aucune exclusion et en tous temps, accueillir tous capitaux, elle doit également laisser le retrait facultatif à chacun d'eux.

Cette difficulté, si toutefois c'en est une, sera levée facilement par l'adjonction, à la faculté du retrait, de l'allocation d'avantages attachés à l'ajournement de son exercice, suffisants à déterminer à surseoir le plus possible à cet exercice. Ces avantages seront attachés à la possession de titres monétaires ou billets que la banque émettra en reconnaissance d'apports, et qui conféreront à leur porteur le droit de participer à ses bénéfices. Le double avantage attaché à cette possession d'un titre tout à la fois monétaire et bénéficiaire n'assure-t-il pas à ce titre une circulation dont la durée sera plus rationnellement motivée et, dès lors même, plus durable que ne doit l'être celle de billets de banque, dont tout l'avantage sur le métal ne consiste que dans la facilité plus grande du transport? Et la limite prévue de cette durée, sans être aucunement, *pour notre établissement*, la condition de l'importance de ses services, donnera seulement la mesure du crédit auquel il aura droit, puisque tout billet, étant le témoignage certain de la possession par lui d'une valeur laissée à sa disposition, fortifie d'autant la puissance de sa garantie, tout en favorisant l'extension de son concours aux échanges. Mais, enfin, il faut que cette institution prenne naissance.

Nous devons donc revenir à cette question : A quelle autorité sera dévolue la gloire de sa création? A cette tâche l'initiative individuelle nous paraîtrait peut-être suffisante. Tout individu capable de concevoir les attributions d'une banque de circulation, telle que nous la concevons nous-même, nous paraîtrait apte à tracer les limites de son action, ainsi que les conditions dans lesquelles cette action devra s'exercer. Qu'il suffise à l'initiateur *unique* ou *complexe* d'être pénétré des principes qui doivent dicter les droits et devoirs attributifs de cette banque, centre d'activité d'une société réellement *mutuelle*, composée de l'*universalité* des participants à ses services à la fois et à ses profits ; participants formant dès lors entre eux une société *en participation*, dont les conditions et la durée seront, pour chacun d'eux, limitées *selon leur convenance* PERSONNELLE, sans que jamais leur retraite puisse ralentir le développement des opérations de cet établissement. Ses services alors, objet, chaque jour, de sollicitations nouvelles, lui assureront aussi, chaque jour aussi, de nouveaux apports, en vue de l'obtention de ces mêmes services.

IX.

Essayons maintenant de tracer les prolégomènes des opérations de notre banque de
circulation.

D'abord, repoussant toute idée d'association banquière, nous substituerons à la dénomination de *société*, — dénomination im_
propre à désigner une collection de contributeurs à la formation d'un fonds commun
essentiellement VARIABLE, constitué par chacun en vue d'une participation à profits, proportionnelle à l'importance du capital délaissé
et *à la durée* de son délaissement, — nous
lui substituerons , disons-nous, celle d'*a-
gence*, cette dernière nous paraissant carac-
tériser parfaitement une institution chargée
« de concilier les ambitions personnelles dans
» la répartition du crédit et des profits dus
» au travail, et de les concilier par un arbi-
» trage ayant pour but et pour effet salutaire
» de procurer à tous *commanditaires et comman-*
» *dités*, c'est-à-dire créanciers et débiteurs,
» satisfaction, — de chacun *jugée suffisante,*
» — *dans une acceptation de warrants les uns*

» *des autres*, acceptation qui les constitue en
» une véritable association mutuelle de tra-
» vailleurs, tendant à devenir UNIVERSELLE. »

Que si le fardeau de ce soin semble excéder les forces personnelles d'un directeur
d'agence, il lui reste facultatif de s'associer, à
des conditions à débattre entre elles et lui,
telles personnes dont il jugera, — à quelque
titre qu'il la réclame, — l'assistance indispensable à l'accomplissement de sa mission,
mais sans que leur société, purement administrative, puisse ambitionner rien de plus
que le mérite d'avoir fait la plus rigoureuse
application d'un plan officiellement tracé
par avance et *légalement* stéréotypé, des opérations attributives d'une administration que
nous dénommerons AGENCE *de monétisation de
toute richesse commerciale.*

La première des conditions indispensables
au succès de l'établissement d'une agence ou
banque de monétisation, c'est d'en posséder
l'élément. L'accomplissement de cette condition sera le fruit de l'appât qu'adressera l'a-
gence à l'universalité des intéressés à l'exercice de ses attributions. Jusqu'à ce jour, les
banques de circulation se sont fondées sur un
capital limité, en monnaie métallique *exclusi-*

vement, à mettre en échange contre des promesses *à terme* de ce même métal, et l'*association* dut être la condition absolue de leur naissance. Elles se sont attribué par privilége le
droit de monnayer ces promesses, qu'elles
mettaient et mettent encore en portefeuille
jusqu'au jour de leur échéance, de les monnayer, disons-nous, en leur substituant des
promesses de ce métal, promesses *à vue* faites
en leur propre nom et devant remplacer par
anticipation le métal promis ; d'où il résulte
que leurs avances consistent réellement dans
les promesses de leurs clients transformées et
généralisées par la substitution des leurs à
celles des clients. Les banques ont retiré de cet
échange un profit d'autant plus considérable,
que leurs promesses à vue, leurs billets ne
leur coûtaient rien qui pût balancer le montant des commissions rémunératoires de ces
échanges ; mais le public, y gagnant une
multiplication de monnaie plus ou moins importante, voulut bien accepter la fiction en
place de la réalité.

Le bienfait de cette multiplication monétaire avait, reconnaissons-le, une trop brillante
apparence de réalité pour ne pas attirer des
apports multipliés au monnayage des ban-

ques. Mais une sage circonspection devait nécessairement présider à l'accueil à faire à ces apports : cette circonspection était commandée par le danger du retour de la monnaie de papier de la banque par anticipation sur la réalisation des promesses d'argent du portefeuille, et en une affluence suffisante pour mettre enfin la caisse momentanément hors d'état de satisfaire aux engagements du papier. Et de là la disproportion entre les services rendus par ces banques, dites *de circulation*, et ceux que le besoin de circulation attend d'elles, disproportion croissant incessamment, comme nous l'avons observé déjà, en raison même de l'importance des services qu'elles rendent par leur multiplication d'une monnaie que sa nature essentiellement spéciale, — en tant que marchandise, — condamne à être chaque jour plus insuffisante.

L'action de la banque nouvelle ne sera pas restreinte dans ces étroites limites. Ayant appuyé les titres privés et spéciaux, la nouvelle monnaie fiduciaire, d'un aval dont les risques sont atténués par l'application de tous les moyens conservatoires que signale la sagesse administrative, elle en assure la

circulation , — jusqu'à la découverte du
consommateur de la spécialité, objet de la
valeur exprimée sur le titre circulatoire, —
en les acceptant de toutes mains en échange
contre d'autres titres analogues , ou contre
les titres généraux qu'elle crée pour remplacer, sur demande, les titres spéciaux dans la
circulation, les uns et les autres étant préalablement égalisés de valeur entre eux *au
point dé vue de la puissance circulatoire.*

Quant à l'avance du capital, cette avance
reste aussi facultative à notre banque qu'elle
a jamais pu l'être à ses devancières; mais
cette avance n'est pas, comme à celles-ci, la
condition absolue de l'exercice de ses fonctions, exercice le plus généralement appliqué à la monétisation des titres spéciaux ,
mais monétisation qu'elle pourra toujours
étendre aux titres à terme, sous réserve, toutefois, de son appréciation du droit personnel
au crédit dilatoire.

Le prix des services de notre banque, essentiellement fondée sur le principe généreux
de la mutualité, ne pèsera, en définitive, que
sur les clients qui, par l'omission de faire
à la banque aucun délaissement temporaire
sous condition de participation à ses pro-

fits , seront restés en dehors de la mutualité.

Les capitalistes qui, par leur délaissement
plus ou moins prolongé, contribuent au développement de leur institution sociale, ne
peuvent tendre au monopole ; tout le commerce est garanti contre une telle tendance
par la loi statutaire de l'établissement, dictée
dans l'intérêt de *tous* et faisant appel à *tous*,
tout en laissant à chacun la faculté de sortir
de la société par le retrait de son apport. Et
cette faculté garantit complétement l'institution elle-même contre le soupçon de toute aspiration au monopole , exploitateur égoïste
du besoin général.

Le prix auquel l'ancienne banque fait
payer du papier qui ne lui coûte rien est devenu l'objet d'attaques dont l'occasion est
fournie par l'escompte, principal objet de ses
attributions.

La banque nouvelle ne sera pas exposée à
ce reproche : elle ne prête ni n'escompte ;
elle peut faire des avances, nous l'avons déjà
fait pressentir ; mais le prix du service que
rendront ces avances sera réglé par application du même principe, qui, seul, doit servir
de base à l'appréciation relative de toute

valeur représentée monétairement. Un tarif pourvoira *seul* à cette appréciation, et ce tarif sera celui d'un change, lui-même toujours appuyé de la sanction du cours public.

D'après la doctrine exposée précédemment, servant de base à l'établissement de notre banque, la valeur est en raison de l'utilité, et son prix, essentiellement relatif, donne la mesure relative des valeurs diverses. Ce prix n'est pas le fruit d'une volonté isolée, mais de la comparaison des volontés diverses; il s'établit sur le marché, à l'insu même de ceux dont il affecte les intérêts.

Le service, consistant en une avance de capital, aura son prix comme tout autre service, et ce prix sera soumis à la condition de l'offre et de la demande.

Une avance n'est autre chose que l'échange d'une chose présente contre une chose à venir, et le temps d'attente de cette chose entrera comme principal élément de l'appréciation de ce service. Il est donc logique que le prix de l'objet attendu soit diminué par son attente, de façon que le porteur du titre qui promet cet objet, soit indemnisé de la valeur du temps que dure cette attente; nous dirons dans une des pages de la section X, le

mode qui nous paraît le plus conforme aux
principes de notre banque, en vue d'assurer
cette indemnité à tout ayant droit, et, par
là, de faciliter l'obtention d'une avance demandée. Quant à la quotité de cette indemnité, il est également conforme aux mêmes
principes, qu'elle soit réglée arbitralement
entre la banque et le bénéficiaire de l'avance,
puisque, le degré de puissance circulatoire du
titre à terme, dépendant de l'importance de
cette quotité, le débiteur ne pourra mieux
faire que de s'en rapporter sur ce point à l'arbitrage *toujours désintéressé* de cette banque.

Au reste, il n'est pas inutile de faire observer que la quotité de l'indemnité d'attente est étrangère à la considération du risque, ce risque restant tout entier à la charge
de la banque, et que, dès lors, elle sera nécessairement faible en comparaison de celle
qui, aujourd'hui, résume dans le même chiffre la couverture du risque avec le prix du
service, et la fixation de ce chiffre restant
soumise à la décision d'un intérêt essentiellement opposé à celui de la clientèle qui en
supporte le poids (1).

---

(1) Nous prenons ici occasion de signaler à l'appré-

En effet, l'objet attendu ne sera plus de ceux que, selon l'énergique expression de Boisguilbert, il faut *avoir* ou *périr*, astreinte qui, tout irrationnelle qu'elle soit, restera fait normal, tant que la routine ou le préjugé des populations leur répétera triomphalement, que pour acquérir un objet, l'échange d'un autre objet, contre un certain poids d'un certain métal moulé de telle ou telle forme, est indispensable, en dépit de l'inutilité de ce métal à des échangistes, faciles à mettre en position de se donner *immédiatement* une satisfaction réciproque. A quels autres qu'aux marchands monopoleurs de ce métal, inutile à presque tous les autres, pourrait donc profiter cette infatuation qu'il est temps enfin aujourd'hui de déraciner des esprits vulgaires.

Terminant cette digression, nous ferons observer que les promesses à terme exprimeront des valeurs en toutes natures, sans

---

ciation du lecteur toute le mérite de la différence existant entre le mode proposé par nous pour l'évaluation du service de l'avance de capital, et le mode consistant dans la taxe arbitraire d'un intérêt dont la quotité serait réglée selon la seule convenance de la banque à laquelle serait dû ce service.

exclusion de la monnaie métallique, mais sans aucune distinction en sa faveur. Celles-ci seront donc traitées comme toute marchandise; placées à leur degré respectif sur le tarif d'appréciation de leur puissance circulatoire, elles subiront la loi de l'addition, au principal, d'une valeur à fournir pour indemnité de délai que ce même tarif pourra fixer pour chaque catégorie de warrants, en raison du délai stipulé; indemnité dont chaque cédant se prévaudra sur son cessionnaire pour tout le temps écoulé; indemnité qui, fût-elle encore dénommée escompte, ne sera pas, du moins, acquittée avant l'échéance du principal; indemnité, finalement, qui ne sera pas imputable à titre usuraire à la banque, puisqu'à moins d'être elle-même dernier porteur, celle-ci n'en touchera pas la moindre partie.

Il suffira donc de consulter un tarif pour être renseigné sur le taux de l'escompte, taux qui sera déterminé périodiquement, tant en raison de la longueur du terme, que de la catégorie de la valeur qui en sera favorisée.

Enfin, si l'indemnité de délai d'acquittement, traduite en escompte, est d'une quotité soumise à l'arbitrage de la Banque, la décision de celle-ci n'astreint aucune volonté privée, tous porteurs de titres ayant entière faculté de transiger entre eux sur ce point, ainsi que sur celui relatif à la fixation du rapport entre la valeur comme convenance personnelle et la valeur comme convenance générale, valeur de spécialité et valeur de monnaie, la fixation de cette dernière valeur ne faisant loi *absolue* qu'à l'égard de l'autorité qui l'a déterminée.

Combien de vaines et interminables déclamations sur l'intérêt, sur le loyer des capitaux, par les particuliers ou par les banques, et notamment sur celui du métal monnayé, se trouvent ainsi tranchées par la simple attribution de la qualité monétaire exclusivement au signe représentatif de valeur de la marchandise circulant sous cet emble !

Prévoyant maintenant qu'il sera demandé sur quel principe devra se fonder la distribution des signes représentatifs de valeur spéciale sur l'échelle d'appréciation de leur puissance circulatoire respective, nous nous empressons de prévenir cette demande dans la section suivante.

X.

Un célèbre économiste a consacré cet aphorisme accepté de l'école moderne : « *Toute*
» marchandise a les deux propriétés de *me-*
» *surer* et de *représenter toute* valeur, et,
» dans ce sens, *toute* marchandise est mon-
» naie. » La déduction logique de cet aphorisme est exprimée par cette proposition de
J.-B. Say : *Les produits s'échangent contre les
produits.* En effet, ce n'est que comme instrument que la monnaie, — en tant que
monnaie,—intervient dans l'échange qui, sans
elle, se réduirait au simple troc. Ainsi, si
toute marchandise est monnaie, toute marchandise doit s'échanger contre toute marchandise, c'est-à-dire : *se solder par toute
marchandise.*

C'est sans doute sous l'inspiration de ces
apophthegmes, — très judicieux sans doute,
mais dont l'analyse est restée jusqu'à ce jour
trop superficielle, — c'est sous cette inspiration que, dans ces derniers temps, frappés
de l'abus du privilége exercé séculairement
par une marchandise de s'ériger *seule* en mon-

naie, et, à ce titre, de présider aux échanges en dépit de sa fatale impuissance de satisfaire au besoin d'une augmentation monétaire progressive, plusieurs esprits réformateurs se font illusion jusqu'à croire, — répétons cette observation, — que la valeur des produits divers à livrer par leurs détenteurs étant exprimée en unités monétaires *usuelles* sur des morceaux de papier, la signature de ces détenteurs suffirait à leur assurer dans la circulation un *égal* accueil de tous commerçants et consommateurs, et que, fascinés par cette séduisante illusion, ils se sont hardiment posés comme initiateurs dans cette nouvelle voie par eux signalée à l'échange commercial.

D'autres, entraînés par ce premier exemple, se sont jetés d'un élan téméraire dans la région, d'eux trop peu connue, de la monétisation de toute richesse commerciale. C'est le propre d'une voie fallacieuse de conduire jusqu'à leur perte ceux qui s'y lancent avec l'aveuglement d'une confiance irréfléchie. Se flattant d'apporter le dernier complément indispensable à cette monétisation tentée par leurs devanciers dans cette carrière, ces derniers ont cru que, pour ériger en une monnaie courante les titres spéciaux livrés à leur portefeuille, il ne s'agissait,— à l'instar des banques de circulation, — que de les représenter en valeur nominale *égale*, exprimée en unités monétaires *pareilles* sur du papier à lancer, sous leur propre responsabilité, dans toutes les voies de l'échange.

Cette dernière témérité devait avoir pour fruit précoce d'achever, dans l'esprit d'un trop grand nombre d'échangistes, la destruction du prestige dont y était encore défendue cette idée, malheureusement encore insuffisamment élaborée, de la monétisation de *toute* valeur échangeable, et de justifier en apparence cet arrêt dicté peut-être moins par une présomptueuse impéritie que par l'étroit égoïsme d'une collectivité d'intérêts réunis, sous le drapeau d'une association limitée : « par la pratique du bon de livraison (dénommé *billet de crédit*), l'échange ne peut être l'objet d'une institution, parce que, dans cette pratique, il n'y a pas de commune mesure de valeur »; ce qui n'est vrai qu'à la condition de laisser cette pratique privée de ce complément indispensable à son développement comme institution : le procédé du monnayage applicable pourtant, sinon directement, du moins par voie indirecte, à toute richesse commerciale; proposition dont nous allons essayer de démontrer la rationnalité. Pour y réussir plus sûrement, remontons un instant aux premières lignes de cet écrit consacrées à une dissertation sur l'origine de la monnaie.

Nous avons reconnu comment le mérite de l'utilité monétaire avait dû s'attribuer primitivement à ceux des produits dont l'échange contre les autres était le plus fréquent, et comment, par degré, l'un d'eux pouvait finalement avoir obtenu la préférence sur tous les autres, pour servir, en une quantité déterminée, de commune mesure de la valeur respective des autres; en d'autres termes, d'instrument d'appréciation de cette *valeur* respective. Ainsi, de la reconnaissance d'égalité de valeur entre une certaine quantité d'une chose et diverses quantités de diverses autres choses, s'est naturellement déduit un rapport de valeur entre ces diverses choses, mais seulement au point de vue de la convenance *personnelle*.

De toutes les choses, enfin, la plus utile, dans un ordre de services, étant celle à laquelle il est, dans ce même ordre, attribué la plus grande valeur, l'objet dont l'emploi, comme commune mesure de valeur, objet nécessaire à la facilitation des échanges, doit aussi, pour les échangistes, être d'un prix plus élevé que ne peut l'être celui d'aucun des objets mêmes de cet échange, le prix étant l'expression numérique du rapport de la valeur respectivement attribuée à ces objets, mais reconnue par tout échangiste, en raison de la convenance personnelle. Cependant, si toute marchandise a la double propriété de mesurer et de représenter toute valeur, il faut bien, philosophiquement, faire une distinction entre ces deux propriétés essentiellement différentes, l'une se rapportant à la convenance spéciale ou *personnelle* (que nous qualifierions volontiers de *matérielle*), et l'autre à la convenance générale ou *monétaire* (qui serait qualifiée d'*immatérielle*). Or, la première des deux propriétés, celle de mesurer la valeur matérielle, appartient incontestablement à une matière *spéciale* prise en certaine quantité pour unité de valeur; mais dans celle de représenter *toute* valeur, rationnellement, on ne peut entendre que la valeur propre à l'universalité des marchandises, de *participer à la puissance*

CIRCULATOIRE commune à toutes, mais à des degrés différents pour chacune, et, dans cette graduation relative, la valeur matérielle d'aucune marchandise ne peut être prise pour commune mesure. L'unité de cette valeur, mesure commune, sera donc toute immatérielle et recevra une dénomination distinctive.

Il est dès lors facile de concevoir que, abstraction faite du prix de la matière dont peut être faite la monnaie générale, celle-ci soit, en tant que mesure de valeur, l'objet du plus grand prix au jugement des praticiens de l'échange. Tant que le métal monnayé sera la seule marchandise-monnaie, son prix excédera donc nécessairement celui de toutes les autres sur le marché général, et même celui des lingots de ce même métal, parce que la quantité qui s'y en présente y sert *nécessairement* de régulateur des prix des autres marchandises tout à la fois et d'instrument de transmission. Ce n'est donc pas parce que le métal a son prix comme marchandise, après même être monnayé, qu'il se fait payer si cher, c'est-à-dire qu'il est donné en échange, contre lui, des quantités relativement si grandes d'autres produits, c'est parce qu'il *en* est *la* monnaie *générale;* distrayant de son prix, comme monnaie, celui qui lui est inhérent comme marchandise, ce prix, comme monnaie, continuerait encore à subsister. La même valeur figurée en lui le fût-elle sur du papier, que le prix de ce papier serait égal au prix précédemment obtenu par le signe métallique. Et n'est-ce pas le fait des billets de banque ? Dans cette supposition, la monnaie de papier, servant de type comparatif de valeur, réglementerait encore les échanges en souveraine puissance et serait, comme était le pur métal, objet de la convoitise d'une multitude destinée à languir dans la disette de monnaie, tant que cette monnaie ne serait pas susceptible d'une augmentation mesurée sur les besoins de l'échange.

Mais le papier présente sur tout objet à valeur intrinsèque l'avantage de pouvoir être considéré dans son emploi en monnaie comme n'en ayant aucune, et, dès lors, de pouvoir, sans en perdre non plus aucune comme monnaie, se prêter, *dans des conditions rationnelles,* à toute utile multiplication monétaire.

C'est cette vérité, enfin, bientôt triviale, qui détermina tant de prédilections en faveur de la monnaie de papier, à commencer par celle si hautement manifestée par Boisguilbert, ce hardi précurseur du célèbre Law. Malheureusement (et ce financier en a fait pour lui-même et fait faire à la France une funeste épreuve), il ne suffit pas d'imprimer en légende un certain nombre d'unités monétaires sur un chiffon de papier pour en faire une pièce de monnaie.

Une pièce de métal représente par sa légende le prix ou la valeur relative de tout objet commercial quelconque, appréciée eu égard à son utilité *matérielle* (1).

Pour que le signe représentatif de la chose,

---

(1) Nous ferons ici une distinction entre l'utilité matérielle des produits et leur utilité immatérielle, consistant dans leur puissance respective de circulation. La première se mesure nécessairement par comparaison à un type matériel, une monnaie matérielle, du métal, si l'on veut : elle a donc sa monnaie en ce métal. Quant à la valeur immatérielle, son unité monétaire typique ne peut pas plus être matérielle que la *valeur* elle-même à laquelle elle sert de mesure ; elle sera donc d'une autre nature que le franc, comme elle diffère de nature avec lui, et, ne pouvant lui être attribué aucune propriété matérielle, la monnaie, dont l'unité sera l'élément, et dont l'office sera tout à la fois distinct et bien plus général que celui de l'autre monnaie, cette monnaie ne sera rationnellement faite d'aucune matière à laquelle, dans son office, il puisse être attribué la moindre valeur matérielle.

Nous aurons, dans la suite, occasion de rappeler cette remarque.

en valeur, puisse, à cause de la facilité de sa
tradition manuelle, passer sans difficulté de
main en main jusqu'à ce qu'il arrive à celle
qui voudra la réaliser, il faut que cette réalisation soit assurée. Pourquoi la monnaie de
métal possède-t-elle cet avantage dans l'opinion générale? C'est que l'expérience suffit
à convaincre le public de la constante possibilité de son échange contre tout objet désiré, dans l'ordre, toutefois, des choses
matérielles ou matériellement appréciables. La confiance de ce public dans la
vertu du métal restera inébranlable tant que
sa croyance sur ce point ne sera pas déçue,
et nous ne pouvons imaginer qu'une seule
cause de déception à cet égard, ce serait
une abondance telle, que sa valeur relative,
et, conséquemment, son prix, tombât à
zéro. Ce serait bien alors que le public en
viendrait à considérer la pièce de métal
comme *une traite sur un banqueroutier.* En
pareille circonstance, il choisirait un autre
type, et l'on peut affirmer que le fer, en raison de son utilité bien plus générale, lui serait préféré même comme monnaie ; mais,
comme telle, son extrême abondance, relativement au besoin, l'empêchant sans doute

d'obtenir une suffisante valeur monétaire, et s'opposant dès lors à la généralisation de son emploi comme instrument d'échange, le destinerait à être bientôt remplacé par un autre organe.

Mais par quel autre organe? Sans doute par un représentant fidèle de la valeur, désormais estimée au point de vue de la circulation; un emblème de cette valeur reconnue à l'objet auquel il doit procurer cette circulation par voie représentative, conformément à la mission réelle de la monnaie, et cet emblème, ce signe d'une valeur d'un ordre nouveau, serait bientôt plus estimé en considération de sa véritable utilité que ne l'avaient été les métaux précieux qui ne possèdent en eux-mêmes aucune propriété représentative, et que l'avilissement de leur valeur relative, — d'après la supposition, — aurait condamnés à céder la place au fer.

Pour nous convaincre de la justesse de ce pronostic, plaçons-nous à l'origine de cette nouvelle monnaie. Le prix nouveau des choses enfin établi et maintenu à la connaissance du public par une mercuriale, ce public ne voudra concourir à la circulation des titres monétaires qu'à la condition que : 1° le titre offert soit, dans sa croyance, la représentation sincère de la valeur matérielle d'une marchandise tenue à sa disposition ; 2° que cette marchandise est à sa convenance. Or, comment obtiendra-t-il cette double assurance ? Par la seule médiation d'un vérificateur accepté ou même institué par lui, à l'effet de constater le cours de la monnaie nouvelle par un contrôle judicieux de la mercuriale officielle. Et ce vérificateur, pour être à la hauteur de sa mission et acquérir la confiance publique, n'aura certainement pas de moyen plus efficace que d'obtenir des possesseurs mêmes de la richesse commerciale des titres attestant cette possession et en garantissant la remise en échange de ces mêmes titres, rendus ainsi susceptibles de servir, en quelque sorte, de moule à des titres circulatoires généraux destinés à les remplacer, au besoin, dans la circulation.

Et ce vérificateur, quel autre serait-il qu'une banque de monétisation ? Que celle-ci en applique le procédé dans toutes ses conditions normales, et son succès ne peut paraître douteux.

De ce qui précède il est facile d'inférer que l'inauguration de la vraie monnaie, celle dont la valeur sera enfin estimée d'après la considération de la puissance circulatoire, avantage auquel se joindra le mérite de témoigner d'une appréciation préalablement faite au point de vue de l'utilité matérielle, d'inférer, disons-nous, que cette inauguration sera vivement acclamée : 1° si l'évaluation en puissance circulatoire est judicieusement faite ; 2° si la certitude est acquise à la banque de pouvoir procurer au porteur du titre monétaire une satisfaction au moins aussi complète qu'il eût pu l'obtenir par l'emploi de l'ancienne monnaie dont, reconnaissons-le, le défaut le plus reprochable consiste dans sa fatale impuissance à concourir au développement de la production par les échanges, autant que producteurs et consommateurs sont en droit de l'attendre de la mission officielle de la monnaie.

Or, de tous les novateurs auxquels nous avons fait allusion, en est-il un seul qui se soit mis en mesure de satisfaire à ces conditions ; qui, même, semble s'être préoccupé de la nécessité de les remplir ?

Nous ne nous arrêterons pas à l'épreuve, presque oubliée, du fameux système qui n'était fondé que sur ces principes : « La mon-

» naie appartient au roi ; il l'a créée pour le
» besoin public ; il la fait avec la matière
» qu'il lui convient d'employer ; revêtue de
» son sceau, en quelque matière qu'elle soit
» faite, il *faut* qu'elle jouisse du crédit pu-
» blic et serve à *tous* payements entre parti-
» culiers. A cet effet, le roi la multiplie *selon*
» *le besoin* des particuliers eux-mêmes, qui,
» dès lors, ne *penseront pas à la refuser.* »

La prédilection pour le métal est aujour-
d'hui trop invétérée dans les esprits pour que,
taxant d'extravagance l'énoncé de tels principes (pour l'application desquels pourtant il
ne manquait peut-être à l'autorité qui les pro-
fessait, que la possession réelle des choses
implicitement promises par le sceau royal),
pour que, disons-nous, les esprits les moins
antipathiques avec toute innovation puissent
entrevoir, à la tendance, à la rénovation d'un
tel système, la moindre chance de succès.

Quant à nos nouveaux prétendus monétisateurs, persuadés qu'il suffisait à la conversion d'un chiffon de papier en monnaie courante, d'y signaler un certain nombre de
francs à livrer en produits commerciaux, et
de le faire signer par le détenteur de ces
produits, quelques-uns ont cru compléter

cette monétisation en représentant, dans la circulation, ces titres essentiellement spéciaux, par d'autres titres de leur propre création, promettant la *généralité des produits*, et dès lors servant de mesure typique pour l'appréciation relative des warrants spéciaux.

Mais ne reconnaissant dans la marchandise en général, qu'une sorte de valeur, *mesurée en francs*, et résumée dans son prix courant, ils se sont contentés d'une égalité indiquée entre leurs titres généraux *et les titres spéciaux* que ces titres généraux devaient représenter. De là, ainsi que nous l'avons déjà fait observer dans les pages précédentes, une détérioration graduelle de leur portefeuille, qui, triomphant des expédients imaginés pour la combattre, a nécessairement rendu la liquidation de ce portefeuille ruineuse pour eux et pour leur clientèle.

Et pourtant, qui l'ignore : 1o Les matières commerciales ont une valeur d'autant moins *courante* qu'elles sont plus éloignées de leur origine, la matière de *première* utilité à leur production ; 2° toute matière étant matière première relativement à celle à la production de laquelle elle est immédiatement nécessaire, tous les produits échelonnés sur

une même ligne de la production générale,
y subissent nécessairement une dégradation
en puissance de circulation, ou valeur courante, très distincte du prix courant, ou valeur marchande, les quantités de ces deux
valeurs fussent-elles, sur un même titre monétaire, exprimées en unités de dénomination semblable.

En effet, la valeur marchande correspond
à l'utilité *privée*, et la valeur monétaire, à
l'utilité publique. Il en résulte que, dans la
monnaie spéciale, ces deux natures de valeurs doivent trouver leur appréciaton respective, et que dans cette appréciation, il ne
doit se rencontrer ni égalité, ni même similitude, car la similitude impliquerait négation de l'inégalité (1).

Il en résulte encore que l'infériorité de valeur monétaire spéciale est d'autant plus
grande, comparativement à une autre valeur
similaire, et surtout comparativement avec
le titre de valeur générale, d'autant plus
grande, disons-nous, que les titres spéciaux,
représentant des produits graduellement plus
chargés de travail, descendent nécessaire-

---

(1) Voir la note page 80.

ment par degrés sur l'échelle de l'utilité générale, quoiqu'étiquetés à des prix de plus
en plus élevés, relativement à celui de la
matière première, parce que ces prix ne sont
acquittés que par un nombre d'acheteurs
graduellement décroissant, résidant, il est
vrai, dans la classe de consommateurs la plus
riche, mais aussi la moins nombreuse, consommateurs, dès lors, consommant relativement d'autant moins qu'ils s'élèvent davantage dans l'ordre de la richesse.

Par ces considérations, les valeurs de spécialités représentées par des titres monétaires exprimant ces valeurs, d'après la cote du
marché propre à chacune d'elles, ces titres
spéciaux ne peuvent prétendre à l'égalité de
puissance circulatoire, ou valeur monétaire,
qu'à la condition de se soumettre à la loi par
laquelle *seule*, s'établit cette égalité entre les
titres inégalement recherchés sur le marché
général, la loi du *change* les uns à l'égard
des autres, loi dont l'application à chacun
assigne la vraie valeur pour laquelle il peut
avoir accès sur ce marché général, et qui
dès lors ne lui fait subir aucune dépréciation réelle, puisque la valeur, qu'il perd
comme spécialité, lui est rendue en puis-

sance circulatoire ou monétaire, et cette redevance peut être considérée sous deux aspects : le prix rémunératoire de la commandite et la compensation de la disconvenance.
Considéré sous l'un ou l'autre de ces aspects,
nous appellerons la loi qui l'impose : *loi du
change* RÉCIPROQUE des valeurs spéciales.

XI.

La monnaie est le titre doué de la plus
grande puissance de circulation. Emblème
représentant en général la valeur de toutes
les marchandises aspirant à circuler *fictivement*, la pièce de monnaie doit être acceptée
de tout échangiste, sans que nul motif de
répulsion puisse se présenter à son esprit.
L'acceptabilité par tous en est le caractère
essentiel ; elle est la condition d'être de
toute *vraie* monnaie.

La monnaie sert à payer *par échange*. Il
faut donc que l'échangiste, auquel elle est offerte, trouve dans la valeur qu'elle exprime
le prix qui lui est dû pour la marchandise

par lui livrée, le paiement consistant à donner, pour l'objet dû, un équivalent *à la conve-*
nance du créancier, convenance sans laquelle
l'équivalence n'existerait pas.

Nous avons reconnu que toute marchandise avait une valeur *privée* et une valeur *gé-*
nérale, mais que cette dernière était dans
chaque produit d'autant plus grande qu'elle
était plus élevée dans l'ordre de la production, c'est-à-dire plus près de son origine :
la matière première relativement à lui, et
conséquemment plus rapprochée du niveau
de la monnaie, type au plus haut degré doué
de la puissance de circulation.

La conséquence de ces principes, c'est
que le vendeur d'un produit, matière première pour son preneur, ne peut en être payé
par la remise d'un titre exprimant valeur
égale à la dette, mais d'une nature de moindre puissance circulatoire, telle qu'est nécessairement la valeur du produit ouvré, relativement à la marchandise employée à la
production.

Il est évident que le paiement fait dans
une telle condition, constituerait le preneur
de la matière première, bénéficiaire de la totalité de la plus-value acquise par cette ma-

tière, sans qu'il en restât rien pour rémunération de la commandite, ce qui n'est pas ad-
missible.

Ainsi, pour exprimer la proposition
d'une manière précise, un corroyeur ne
peut être payé de cent francs de peaux, avec
cent francs de souliers, ni conséquemment
avec un titre monétaire de cette valeur représentant des chaussures ou autres marchandises du *même* degré de puissance circulatoire.

Pour faire accepter son warrant de souliers, cotés à ses prix ordinaires, le cordon-
nier consentira donc à une réduction de la valeur nominale de ce warrant, qui soit suffisante
à mettre en équilibre la valeur spéciale de son
produit et celle plus générale des peaux, à l'acquittement desquelles il destine ce warrant.

Ainsi, pour que l'échange des warrants
s'opère sans difficulté, le change, qui n'était
encore pratiqué que comme *compensation de
valeur d'un pays à un autre* (1), se pratiquera
désormais du porteur du warrant d'une spécialité à celui d'un warrant d'une autre
spécialité, à quelques différentes lignes de

---

(1) Dutot, *Réflexions sur le commerce et les finances*, page 968, Guillaumin.

la production qu'appartiennent ces spécia-lités.

Toutefois, à l'égard de spécialités éche-lonnées sur la même ligne, ce change peut être considéré comme le prix rémunératoire de l'avance du capital à transformer, béné-fice dont une part est due légitimement au commanditaire, et faute de laquelle la com-mandite n'aurait pas lieu. Cette participation à la plus-value se réalise toujours du travailleur au détenteur de la matière première, quand même il serait payé comptant. Elle est cal-culée aujourd'hui dans le prix des espèces métalliques données ou promises en paie-ment (1). Dans le prix de la matière première acquise par son détenteur actuel, pour la transmettre à une autre main, sont comprises et la rémunération du service qu'il a reçu par la transmission dans la sienne, et celle du ser-vice qu'il rendra au nouveau cessionnaire de cette même matière, lequel s'en couvrira sur un troisième, et ainsi de suite jusqu'au con-sommateur qui sera chargé de la liquidation finale de la commandite échelonnée de tous

---

(1) La valeur des espèces, au point de vue de la puis-sance de circulation, ne dépasse-t-elle pas en effet plus ou moins celle de quelque marchandise que ce soit.

les travailleurs les uns à l'égard des autres,
en payant au dernier, *en monnaie*, le prix total du travail exercé sur l'objet de sa consommation. Si la transmission successive du
capital s'est faite au comptant, chaque cessionnaire ayant acquitté le droit de la commandite, le prix total de l'objet à consommer,
appartient intégralement au dernier travailleur : si l'avance s'est faite à crédit, le résultat est le même ; dans ce cas, le prix de
l'objet de consommation est payé nécessairement en monnaie par le consommateur,
qui n'a, en cette qualité de consommateur,
que la monnaie à donner en paiement, et
cette monnaie remontera de travailleur en
travailleur, tous commanditaires les uns à
l'égard des autres, jusqu'au premier vendeur de matière première, laissant successivement à chacun d'eux le prix de son
travail. Il est évident que, quel que soit le
mode par lequel s'opère cette transmission
successive, le résultat final reste absolument le même, et que, dans tous les cas,
le prix perçu par un travailleur se compose
toujours de ces deux éléments, savoir : le
prix de la matière *première*, quant à lui, et
le prix de son travail. Le prix rémunératoire

du travail est égal à la plus-value qui en résulte, diminuée de la rémunération due au vendeur de la matière de ce travail. Ainsi, dans le système du paiement en produits ou plutôt en signes de valeur de produits, la défalcation sur ce signe de la portion de sa valeur, défalcation nécessaire pour l'équilibrer avec la monnaie, signe général de valeur, est de toute équité, puisqu'elle est la condition absolue de l'acquittement à l'égard de la commandite et de l'acceptation, par le créancier, du titre *spécial* en paiement de sa créance. En effet, l'équilibre étant établi entre la monnaie générale et la monnaie privée et spéciale, nul n'a de motif pour refuser cette dernière en paiement, ne pouvant alléguer pour prétexte la disconvenance, puisque, sous condition d'un change, dont le taux est préétabli, la banque lui présente toujours la faculté d'un échange conforme à sa convenance.

Maintenant, que toutes les valeurs spéciales soient graduées sur un tarif d'après la loi d'application de ce change dont nous avons signalé l'effet et démontré la rationnalité ; dès lors les promesses de livraison, les warrants, s'équivalent entre eux,—pendant un temps à déterminer, — en puissance circulatoire ;

comme ils s'équivalent avec la monnaie dans laquelle se résolvent tous les changes successivement acquittés par ces warrants, dont la monnaie générale devient ainsi la traduction fidèle.

Et cette monnaie est augmentée en abondance, bien plus réellement qu'elle ne pourrait l'être par une multiplication de pièces d'un métal qui, en sa qualité de marchandise, perd de son prix en raison de cette même abondance sur le marché, et dont, conséquemment, l'utilité monétaire décroît en valeur dans la même raison, parce que son utilité, comme marchandise, est celle qui influe le plus sur son appréciation. Et l'abondance de la monnaie reste toujours mesurée sur le besoin, puisque ses titres ne circulent qu'à cette condition, et ne peuvent même circuler qu'à celle de servir à payer jusqu'à ce qu'ils satisfassent au besoin de la consommation par leur échange contre un titre promettant un produit désiré par son porteur, lequel titre est annulé par le fait même de la livraison. Et la monnaie générale, émise d'abord pour remplacer ce dernier titre dans la circulation, étant constamment garantie par une valeur égale détenue par le portefeuille, est elle-même annulée dès que l'é-

change la ramène à la banque, sauf émission
nouvelle suivant la même marche. Et tout
possesseur de richesse commerciale ayant à
sa disposition la faculté de la monétiser pour
l'utiliser par l'acquittement de toute dette
par lui contractée, acquittement essentiellement corrélatif à une vente conforme à ses
propres intérêts, on présage aisément le développement, qu'ainsi conçue, la monétisation des produits est appelée à donner à la
production, constamment ralentie, quoi
qu'on en dise, bien plutôt que favorisée par
le tyrannique privilége de la monnaie-marchandise, de, finalement, intervenir dans
l'acquittement de toute dette, même pour
assurer l'obtention de toute autre marchandise, seule pourtant essentiellement indispensable à la satisfaction de l'échangiste
qui la désire ; et cela, comme déjà nous l'a-
vons dit maintes fois, en dépit de l'attribution *exclusive* de la monnaie, de « procurer
» fictivement la circulation des marchandi-
» ses, pour que, enfin, conformément à
» leur propriété essentielle de *mesurer et*
» *représenter toute* VALEUR, *dans ce sens,*
» elles soient MONNAIE, et, à ce titre, organe
» naturel d'échange de TOUS *produits* les uns
» contre les *autres.* »

Nous disions : La matière à monétiser est entre les mains de tout possesseur de richesse commerciale prête à solder de nouveaux achats. A cette occasion, nous le ferons observer, la dépréciation de la monnaie ne résultera nullement (comme on pourrait l'objecter) de cette multiplication monétaire, résultat de la faculté donnée à tout possesseur de monétiser sa richesse. La monnaie nouvelle n'est plus, comme l'ancienne, une marchandise : elle n'a pas de prix par elle-même ; elle n'en peut donc varier, ni, dès lors, son abondance nullement influer sur le prix des denrées. Elle ne fait que déterminer des rapports de valeurs entre elles, ainsi que l'évaluation des signes qui les représentent spécialement, évaluation faite du point de vue de leur puissance circulatoire, ou valeur monétaire respective ; exprimée en unités d'une dénomination particulière à cette monnaie nouvelle. Créée pour rendre un service, elle cesse d'être, aussitôt que le service est rendu. Le vice de surabondance ne peut donc jamais lui être imputé. — Quant au discrédit, l'application du tarif du change suffit à l'en préserver. La conservation de son crédit reste donc soumise à la seule condition d'une sagesse, qui

ne peut manquer de présider à sa dispensation par la banque.

En effet, une monétisation excessive serait
préjudiciable, immédiatement, au monétisateur lui-même, par la dépréciation de son
produit ; le premier devoir de la banque est
de l'en garantir, et cela lui étant facultatif,
elle ne manquera certainement pas de le
remplir. En pareille occurrence, il lui suffira
d'appliquer cette sage leçon d'Adam Smith :
« Ce qu'une banque peut avancer *raisonna-*
» *blement* à un marchand… n'est ni le capi-
» tal entier avec lequel il paie ses affaires,
» ni même une partie *considérable* de ce ca-
» pital , mais seulement celle qu'il serait
» obligé de garder en argent comptant pour
» payer, *dans l'occasion*, ceux dont il se trouve
» débiteur (1). » Or, quelle est cette portion
du capital à garder par le client de notre banque pour payer sa dette, ou plutôt à faire circuler par sa monétisation? C'est justement la
portion de sa marchandise qu'il destine à
servir en paiement de nouveaux achats nécessaires au maintien ou peut-être à l'extension de son assortiment. Tel doit être le but

----

(1) *Richesse des nations*, liv. II, ch. II.

raisonnable de la monétisation à laquelle concourra la banque monétisatrice.

Un fabricant de draps possède pour 500,000 francs de draps fabriqués. Quel autre motif peut raisonnablement le décider à les porter sur le marché que celui de les remplacer par des produits nécessaires à l'alimentation de sa fabrique? Il n'est pas de son intérêt d'en porter au delà du nécessaire à cette alimentation; aller au delà, ce serait s'exposer à une perte par l'avilissement du prix de sa marchandise. Il ne commettra pas cette faute. Au besoin, ce serait à la banque à l'en empêcher par la sage restriction de son crédit à la juste mesure du besoin réel de ce fabricant, besoin dont l'appréciation est pour elle non seulement un droit, mais même un devoir. Ce devoir, elle l'accomplira, ne fût-ce que pour assurer aux services, qu'elle rend, toute l'utilité qu'on a droit d'en attendre. Or, cette utilité s'atténuerait par l'effet de toutes les déceptions et perturbations qu'amèneraient dans les affaires commerciales des hausses ou des baisses de prix causées par des émissions démesurées faites sous sa garantie. Sur ce point, nul risque n'est donc à redouter, parce que, menaçant toute la *mutualité* monétisatrice, la puissance de le conjurer ne peut faire défaut à l'institution créée par elle-même pour la protection de ses intérêts.

Nous avons précédemment considéré le change du point de vue de son application comme rémunération de la commandite : mais, d'un point de vue plus élevé, l'on voit qu'il n'est réellement qu'une juste compensation de la disconvenance, et que, sous cet aspect, il perd toute apparence d'un expédient empirique, vice qui pourrait lui être imputé s'il n'avait d'autre but qu'une satisfaction offerte aux détenteurs de matières premières, au préjudice de leurs acheteurs à tous les degrés de la production.

Cependant l'effet du change est d'un ordre bien plus élevé. Si nous avons pris, dans une sphère étroite, la démonstration de son indispensable utilité, ce n'a été que pour faciliter la conception d'un mécanisme dont le jeu a pour résultat final « la monétisation réelle » de tous les produits sous forme de war- » rants de *valeur* par leur traduction facul- » tative en signes généraux ou billets de ban- » que. » En effet, ces warrants, étant distri- bués par catégories sur les divers degrés d'un tarif de change, s'équilibrent *nécessai-rement* entre eux et avec le billet de banque, en valeur appréciée *quant à leur puissance respective de circulation*, à quelqu'ordre de la production qu'ils appartiennent : un trait de plume, une simple opération d'arithmé-tique, détermine la condition d'équivalence entre les warrants ; dès lors, et seulement à cette condition, les marchandises devenant *monnaie*, s'échangent contre les marchandi-ses, et le problême économique, posé depuis si longtemps, est enfin résolu, comme il au-rait pu, déjà, l'être à la satisfaction des pre-miers expérimentateurs, aux efforts desquels nous devons attribuer pour principal véhi-cule, le louable désir d'enrichir leurs con-temporains et la postérité, d'une solution vers laquelle, — s'ils n'ont pu l'atteindre, — ils auront au moins le mérite d'avoir ouvert la voie.

XII.

Comment se sont formés ces établisse-ments dénommés banques de dépôt, rem-placées ensuite par des banques de circulation, quoique ces dernières n'aient jamais fait circuler qu'une infime partie des effets qui auraient réclamé ce service si elles avaient été assez hardies pour le leur accorder, et qui ont été, par leur refus, réduits à se glisser péniblement de portefeuille en portefeuille jusqu'à leur échéance, traînant après eux toutes les difficultés d'un acquittement constamment aléatoire ?

D'abord banques de dépôt, elles se sont formées sous la protection et garantie de leurs gouvernements respectifs, et le but de leur institution fut seulement de garantir les commerçants de l'obligation de payer en monnaies de bon aloi et de ne recevoir en contre-valeur que celles de mauvais aloi, dont la circulation était alors infestée. A cet effet, des négociants constituèrent une caisse de dépôt de métaux d'un titre régulier et ramenaient à cette valeur les métaux susceptibles de déchet que reçut cette caisse ; les dépôts ainsi régularisés, étant reconnus par des titres représentant une valeur certaine et régulière, ces titres durent, dès leur origine, primer, et primèrent, en effet, les espèces courantes. (*Ad. Sm.*, liv. IV, c. III.)

Cependant ces banques, restreignant leurs

services dans les limites de leur destination primitive, ne pouvaient satisfaire le besoin de monnaie éprouvé par le commerce et par les gouvernements eux-mêmes ; à l'instigation de ces derniers, la banque de simple dépôt se transforma en banque dite de circulation, en faisant circuler en effet, comme monnaie, des billets substitués aux engagements que prenaient à leur égard les gouvernements et les particuliers. La garantie des uns et des autres consistait dans leur solvabilité ; écoutons ce que rapporte Law à ce sujet (1) :

« Pendant la dernière guerre (1694), l'Angleterre établit une banque pour se procurer les mêmes avantages qu'on tire de celle d'Amsterdam et *accroître le numéraire.* Cette banque fut composée de *souscripteurs,* qui prêtèrent au roi, pour onze années, 1,200,000 l. (30 millions de francs environ) à 8 1/3 p. 0/0, sur un fonds garanti par le parlement, et obtinrent pour ce temps le privilége de la banque.

» Cette banque était plus solide que les billets des orfèvres qui avaient cours auparavant. Elle ajoutait considérablement au nu-

____

(1) *Consid. sur le commerce,* chap. III.

méraire par une émission *de beaucoup su-*
périeure aux espèces en banque , et la
somme prêtée au roi (en billets) , qui en
formait le fonds et appartenait aux souscripteurs, se négociait avec bénéfice et faisait, dans le commerce, le même effet que
les espèces. »

Puis l'auteur nous apprend que, par une
cause inconnue de lui , les billets de cette
banque sont tombés (à 20 p. 0/0) au-dessous
du pair. Enfin il exalte les services de la
banque d'Écosse (1695), formée par acte du
parlement de ce royaume, au capital de
100,000 l. (25 millions), dont un dixième
fut déposé. Le montant de ses billets fut
porté à quatre et cinq fois la valeur des espèces en banque, excédant en papier ajouté
conséquemment au numéraire de la nation.

On le voit par cet exposé, toutes les banques de circulation étant fondées sur le même
principe et dans le même but, leur service
consista à transformer en monnaies de papier les DETTES *à terme* de leur clientèle et à
leur prêter, — avec intérêt, — cette même
monnaie que cette clientèle employa ensuite,
comme argent comptant, sous la garantie
collective de ces mêmes débiteurs. En der-

nière analyse, la banque n'avait donc qu'à généraliser les signatures de ses clients sous la condition d'une prime, et cette prime n'aurait pas dû avoir d'autre objet que la couverture des risques de non-acquittement de ses effets, puisque le capital avancé consistait dans le produit du monnayage de sa propre créance elle-même.

C'est certainement là une des combinaisons les plus irrationelles qui puissent être soumises à l'appréciation des esprits positifs et que ceux de notre siècle repousseraient avec la plus amère ironie si quelque *opérateur* en finances la leur présentait à nu; et pourtant, sous l'égide des gouvernements, et le besoin général de monnaie aidant, elle est acceptée aujourd'hui par le haut commerce qui s'en applique tout l'avantage, laissant, — comme déjà nous l'avons observé, — aux petits commerçants la tâche épineuse de recueillir les espèces et de les reporter aux banques, pour que celles-ci puissent parer aux exigences du retour de leurs billets à vue, prêtés en guise de numéraire, et le développement du service de ces établissements s'est tellement étendu que maintenant le commerce se croirait à bout d'expédicuts et réduit à périr s'il était menacé de perdre l'assistance du prêt de sa propre dette, transformée en une monnaie de papier susceptible de circuler comme argent comptant, faculté refusée aux effets à terme d'une création privée.

Peut-être, en effet, périrait-il si lui était enlevée cette assistance, pourtant si étroitement limitée, et fondée sur une illusion prête à s'évanouir devant la lumière d'une analyse philosophique, et que l'urgence du besoin peut seule faire accepter *transitoirement* comme supplément à la réalité, qui fait défaut.

Mais généraliser une multitude incessamment croissante de dettes que rendent impayables les conditions mêmes de leur acquittement; les transformer en monnaie, et prêter cette monnaie, — soumise aux mêmes conditions, — aux débiteurs eux-mêmes, résumés dans leurs signatures généralisées, où conduit un tel empirisme? Les faits vont répondre plus haut que ne le ferait la critique. Ils se trouvent dans un ouvrage, dont la publication, — sous le titre de *Réforme banquière* (par Darimon, aujourd'hui député au Corps législatif) (1), — a précédé d'une année

____

(1) Décembre 1857.

la notable crise financière la plus propre à justifier la critique que l'auteur fait du système de crédit, défendu victorieusement encore par l'ignorance de la possibilité d'en concevoir un plus rationnel.

Nous nous complairions à rapporter ici le tableau complet des vicissitudes chroniques par lesquelles se signale l'existence maladive des banques de circulation depuis leur origine. Mais cet ouvrage étant sans doute entre les mains d'un très grand nombre de lecteurs, nous n'emprunterons à ce tableau que la partie qui semble en intéresser davantage le commerce français. Nous nous bornerons donc à lui signaler les vicissitudes éprouvées par sa propre banque pendant la durée encore si courte d'une existence datant à peine d'un demi-siècle, au commencement de laquelle époque cette banque fut créée pour rendre la vie aux établissements analogues qui s'étaient succédé en France pour y périr de 1716 à 1789.

Voici les faits caractéristiques de l'histoire pathologique d'établissements du seul secours desquels la routine commerciale croit devoir attendre son salut :

1716 — Création d'une banque à l'instar
de celle d'Angleterre.

1718 — Elle est déclarée royale.

1720 — Sa chute. Ajournement de toute
fondation de banque de circulation
jusqu'à 1776.

1776 — Établissement d'une banque sous
dénomination de Caisse d'escompte.

1783 — Crise de cet établissement. Cours
forcé à ses billets.

1787 — Capital augmenté et emprunté par
le gouvernement, ce qui se traduit
par : monétisation de la dette du
gouvernement.

1789 — La ruine générale des finances en-
traîne celle de la caisse d'escompte.
Régime de la liberté des banques.

1796 — Association formée sous le nom de
Caisse des comptes-courants.

1800 — Fondation, par arrêté des consuls,
de la Banque de France, avec laquelle
la Caisse des comptes-courants est
obligée de fusionner.

1803 — Légère crise de la Banque. Le gouvernement en prend prétexte pour at-
taquer la liberté qu'exerçaient les
autres établissements analogues d'é-

mettre du papier à vue, et suppression de ce droit en faveur de la Banque, à laquelle ce droit est attribué exclusivement.

1805 — Crise causée par un prétendu enlèvement des réserves de la Banque pour le service de l'État. Réduction des escomptes. Limitation des remboursements à 500,000 francs par jour.

1806 — Nouvelle organisation par l'empereur. Capital augmenté, et le gouverneur nommé par lui.

1812 — Crise commerciale. Plus de papier à l'escompte. Le portefeuille descend à 10 millions.

1813 — Continuation de la crise. La Banque s'achemine à une liquidation.

1814 — La crise à son apogée. L'encaisse réduit à 5 millions. Les négociants la sauvent en en prenant la direction sous la présidence de J. Laffitte.

1818 — Nouvelle crise causée par l'essor qu'avait pris la spéculation et le travail. Réduction à quarante-cinq jours des termes admis à l'escompte.

L'encaisse, précédemment de 117 millions, tombe à 34.

1846 — Crise des subsistances. Diminution de l'encaisse de 172,847,000 francs en six mois.

1847 — 14 janvier.—Élévation du taux de l'escompte à 5 p. 0/0.

Id. — Décembre.—Malgré la continuation de la crise, abaissement du taux de l'escompte à 4 p. 0/0.

1848 — Grande débâcle financière. Chute des grandes maisons de banque à Paris et dans les départements. La Banque est menacée du même sort. Le gouvernement la soutient par l'autorisation de suspendre ses paiements et celle d'émettre 350 millions de billets de 100 francs. Les banques départementales participent au droit suspensif de leurs paiements.

Id. — Absorption des banques départementales par celle de France.

1849 — Préférence bientôt obtenue par les billets sur les espèces dont les paiements en cette nature avaient été repris en dépit du décret à ce contraire. Les caves regorgent. Le gouvernement l'autorise à élever ses émissions à 525 millions.

1850 — Août.—Les paiements en espèces repris officiellement. Accroissement consécutif de l'encaisse en dépit de l'émission qui, le 2 octobre 1851, avait atteint le chiffre de 626 millions. Il excède, pendant quelques jours, 110 millions.

1852 — Mars.—Réduction de l'escompte à 3 p. 0/0. Continuation de l'augmentation de l'encaisse.

1853 — Octobre.—Crise alimentaire. Élévation de l'escompte à 4 p. 0/0.

1854 — Janvier.—La banque porte l'escompte à 5 p. 0/0.

Id. — Mai.—Le taux ramené à 4 p. 0/0.

1855 — Octobre.—Nouvelle crise. Le taux relevé à 5 p. 0/0 et l'escompte borné au terme de soixante-quinze jours.

La suite dans l'avenir *le plus prochain.*

Qu'il nous suffise, quant au présent, de cet aperçu chronologique de la vie d'un des établissements de crédit, peut-être, aujourd'hui, les plus sagement constitués, pour apprécier toute combinaison statutaire élaborée dans le seul but de la conversion de dettes à *terme*, stipulées en espèces métalliques, en une monnaie *fiduciaire*, promettant *à vue* ces mêmes espèces, et créée pour être avancée aux débiteurs, empressés eux-mêmes de les recevoir pour s'acquitter envers de bénévoles créanciers. Quant à nous, nous nous avouons privés de l'habileté nécessaire pour concevoir que ce procédé de libération puisse avoir un autre résultat que de grossir progressivement la dette, et nous ne devinons pas quelles peuvent être les prévisions optimistes par le prisme desquelles ses apologistes — quand même — entrevoient le dénoûment des tribulations que son application nous semble amonceler sur l'avenir du commerce.

En effet, que se passe-t-il par suite de cette application de l'empirisme banquier? Le résultat patent en est un accroissement graduel du besoin d'une sorte de monnaie dont la fatale insuffisance progresse en raison même du besoin qui la réclame, et ce résultat nous semble présager de deux choses l'une : dans le cas de persistance à rester dans la même ornière, une liquidation générale dont l'effet inévitable sera de rabaisser le prix des produits au niveau de la faculté de leur acquittement en cette monnaie ou de la congédier comme instrument d'échange, bornant alors son office à l'appréciation de la valeur *eu égard à la convenance* PERSONNELLE manifestée sur le marché propre à chaque marchandise, et la remplaçant sur le marché général par une nouvelle monnaie, mesure de VALEUR CIRCULATOIRE ou générale, et promettant tout ce que tout débiteur peut, avec CERTITUDE *de livraison*, promettre pour sa libération sous la caution d'une banque également nouvelle. Une telle promesse ne surpasserait-elle pas en valeur réelle celle d'un métal, dont la quantité disponible, devenant fatalement, grâce au crédit excitateur du travail productif, de jour en jour plus insuffisante à l'acquittement de la dette, déterminerait, soit son abaissement au niveau de la valeur de ce métal, ou, ce qui revient au même, l'élévation de la valeur de ce dernier au niveau de la dette, d'où résulterait une réduction égale de la quantité promise en paiement.

Ce résultat final, vers lequel achemine l'ornière du crédit *actuel*, n'est-il pas dans l'état des fortunes privées, et, par suite, de la fortune publique, le présage d'un désordre qu'il ne sera possible de réparer, — si l'on ne s'empresse de prendre, dès aujourd'hui, ce moyen facile de le prévenir, — qu'en fondant enfin « le crédit DIRECTEMENT *sur la valeur du produit*, et demandant la garantie de réalité de cette valeur à la monnaie employée à la représenter dans la circulation? »

Les banques furent le produit de l'association de quelques riches commerçants déterminés à les former par la nécessité de suppléer par la collectivité à l'insuffisance de la puissance personnelle à l'accomplissement d'un progrès qui ne veut reconnaître d'autres limites que celles de la rationalité. Ces banques n'ont pu, — et leur histoire le prouve surabondamment, — prendre quelque consistance et obtenir une apparence de prospérité, que par l'appui d'un privilége essentiellement contraire même à l'esprit de leur institution, la *mutualité* des services. Le monopole, qu'elles lui doivent, peut les soutenir, mais sans atténuer ni même raréfier leurs embarras, destinés, tout au contraire, à se multiplier avec une rapidité constamment progressive, en dépit de l'appui de ce privilége, appui privées duquel leurs concurrentes non privilégiées obtiennent à peine une existence rachitique que peut seule prolonger la part qu'une banque centrale privilégiée veut bien leur accorder à son propre crédit, c'est-à-dire au bénéfice de son privilége. Or, le temps n'est-il pas encore arrivé, pour tous les possesseurs ou producteurs de la vraie richesse, de fonder enfin, pour eux-mêmes, et par l'emploi de leur propre force (1), une vraie banque de circulation assurant à ces mêmes richesses, capital aujourd'hui improductivement accumulé, l'écoulement, auquel elles aspi-

---

(1) Ici nous sommes heureux de nous trouver les interprètes de la pensée de l'écrivain, aux recherches duquel nous devons l'histoire pathologique des banques dites de circulation; lui-même nous offre sa profession de foi sur ce point dans sa déclaration insérée dans la *Presse* du 24 novembre 1857, terminant un long article par ces remarquables termes : « De ce que la force des choses conduit à cette organisation centralisée des banques, il ne s'ensuit nullement que les banques chargées d'émettre des billets destinés à alimenter la circulation d'un pays doivent être l'objet d'une *exploitation privée* et donner lieu à un *monopole* privilégié. Basées sur le crédit *mutuel* et *réciproque* des producteurs, les banques publiques DEVIENDRONT, avec le temps, *ce qu'elles auraient dû être dès le début,* des établissements RÉGIS PAR LES PRODUCTEURS EUX-MÊMES au profit du commerce d'un pays. »

rent, entassées sur des rayons de jour en jour plus insuffisants à les contenir. Cette fondation présenterait-elle plus de difficultés que n'en éprouva celle. de cette prétendue banque de circulation dont les services, loin de faciliter l'écoulement des produits, ne peut qu'en accélérer l'encombrement par la dispensation de ce qu'on veut bien traiter de son crédit.

Et quels efforts y a-t-il à faire pour donner la vie à cette institution, et une vie assurée d'un développement dépassant bientôt en extension celui auquel n'atteindraient jamais ses devancières? Nous faudrait-il aussi faire appel à cette collection d'actionnaires, accourant, armés de centaines de millions à employer au plus grand succès d'un monopole privilégié? Loin de suivre cette voie, nous nous adresserions seulement à quelques détenteurs de capitaux, mais de capitaux susceptibles, par leur nature, de satisfaire aux premiers besoins de la production. Il suffirait même de l'initiative intelligente de l'un d'eux, du plus courageux à la fois et du plus généreux d'entre eux.

En effet, à combien de portes serait-il donc nécessaire de frapper pour obtenir la formation d'un capital d'un million de valeurs en sucre, cuirs, métaux, etc.? Et cette quotité d'un million serait-elle elle-même d'absolue nécessité pour donner aux échanges un mouvement assuré d'une accélération constamment progressive ; ce million enfin est-il d'un apport indispensable au succès de l'initiative? L'assortiment du capital primitif est selon nous beaucoup plus important que le chiffre de sa valeur totale.

Et ce capital primitif sera-t-il lui-même immédiatement fourni en produits? Pas du tout. Fût-il partiellement offert en espèces métalliques, qu'il ne devrait pas être accepté sous cette forme, mais sous celle de titres monétaires, de warrants, prêts à s'échanger contre ceux qu'assurément apporteraient à l'envi de nombreux clients, à nul desquels désormais le portefeuille de la banque ne peut se fermer pour un motif autre que celui que dicterait une circonspection purement conservatrice ; étant déjà pourvu au danger du désassortiment par l'application du tarif du change dont nous avons entretenu déjà le lecteur, et dont le degré le plus élevé est occupé par la monnaie, type général de valeur circulatoire ; et tous les degrés inférieurs étant affectés aux autres titres, à chacun en raison de sa puissance respective, tout déposant est préservé du risque de voir ses intérêts menacés par une liquidation ne présentant plus que des valeurs sans cours et frappées d'une disconvenance générale : en effet l'application du tarif rend tous les produits représentés *en valeur* MONÉTAIRE toujours échangeable, puisqu'il détermine pour chacun d'eux l'appréciation qu'il doit subir en nouvelles unités monétaires pour obtenir concurremment avec tout autre, la propriété circulatoire de la vraie monnaie en vue de la complète justification de cet irréfragable aphorisme : *toute marchandise est monnaie*, à l'égard des autres, parce qu'en définitive, les produits devant s'échanger contre les produits, cet échange doit s'effectuer sans autre intermédiaire que *le signe de la* VALEUR circulatoire afférente à chacun d'eux.

Cette dernière considération n'exclut cependant pas la création d'une monnaie générale d'échange. Cette monnaie est même indispensable, comme nous l'avons indiqué, à la représentation des valeurs essentiellement spéciales du portefeuille ; elle sera donc créée pour être délivrée à tout deman-

deur en couverture de son apport pour faciliter les échanges par la généralité qui lui
est propre, et circulera jusqu'à ce qu'un
dernier porteur la rapporte, s'il croit trouver
à la banque, plus sûrement qu'en toute autre
main, la spécialité nécessaire à la satisfaction
de son besoin actuel.

XIII.

La banque ne se bornera pas à créer des
titres purement monétaires et représentatifs
de la valeur des warrants de son portefeuille.
Elle en créera, — comme nous l'avons an-
noncé, — qui joindront à cette utilité celle
de produire un bénéfice à leur porteur, et
elle les délivrera également en couverture de
warrants, mais au cours du jour, cours devant nécessairement varier selon la prévision
des dividendes que le développement des opérations de la banque fera présager périodiquement.

Les bénéfices de l'établissement seront formés des commissions à percevoir par elle à
chaque échange.

L'importance des bénéfices auxquels les billets bénéficiaires pourront prétendre, ne peut manquer de les faire préférer en couverture d'apports au portefeuille par tous les échangistes pouvant ajourner tout autre emploi de leur capital, et cette combinaison se présente même comme occasion du placement le plus avantageux à tout capital disponible en *quelque* nature qu'il soit.

Chacun pourra donc ainsi s'assurer, par la circulation *fictive*, la vente d'une partie de ses produits, et même *avant leur livraison*, recueillir un profit résultant du renchérissement successif des titres bénéficiaires qu'il aura reçus en échange, soit même une prime fixe qui lui sera payée *pour chaque jour* de circulation de son titre, s'il donne la préférence à ceux qui stipuleront cette condition.

Cette dernière combinaison se présente comme complément d'un système de mutualité de services dont les avantages seront trop évidents à l'esprit de tous détenteurs de capitaux *quelconques* en position d'en recueillir le bienfait, pour qu'on puisse douter de l'empressement avec lequel ces capitaux afflueront à une telle banque, assurés que sont les porteurs de titres de pouvoir les retirer, *au premier besoin*, avec addition d'une prime bénéficiaire mesurée sur l'importance prévue d'un prochain dividende, ou sur une accumulation d'intérêts d'une perception journellement facultative au porteur de titre.

Or, tant que se prolonge la circulation de ces derniers titres, la banque reste en possession des valeurs qu'ils représentent, et conséquemment réalise, par leur échange journalier, des profits auxquels les dépositaires sont assurés d'avoir une part qui leur est bien due, puisque ces profits sont le fruit de l'emploi des capitaux temporairement délaissés par eux à leur banque.

Le capital *profitable* de cette banque ne peut donc manquer de s'accroître dans une progression d'autant plus rapide, même, que le nombre des clients participant à ses profits sera plus inférieur au nombre de ceux qui seront restés *volontairement* en dehors des conditions de la participation, et ce dernier sera toujours considérable relativement à l'autre, parce qu'il se composera de la multitude des productions dont le travail est habituellement alimenté par le crédit, auquel se joindront tous ceux si nombreux aussi, qui, tout en pouvant entretenir ce travail avec les ressources de leur propre capital, ne pourraient cependant le faire s'ils en distrayaient, même temporairement, la moindre partie pour un autre usage. Ce sont ces deux catégories qui, recourant journellement au crédit de la banque sans rien ajouter à la valeur de son portefeuille, lui constitueront des profits dont la grandeur restera toujours irréprochable, puisque toujours ils seront le prix de services demandés, et toujours resteront offerts en participation à ceux-là même de qui ils seront émanés. D'où l'on voit constituée la plus vaste mutualité d'intérêts entre tous les producteurs et capitalistes, le capital consistant « *dans la portion de la propriété employée à* PRODUIRE UN REVENU. » Le producteur, qui ne pourrait que momentanément rester dénanti d'une portion *quelconque* de son capital, pourra du moins encore, pendant ce court intervalle, prendre place dans la mutualité par un délaissement dont, à la différence des autres banques, la nôtre emploie l'objet au profit du porteur quelconque du titre par lequel ce délaissement est reconnu. Et de ces capitaux temporairement disponibles, combien en existe-t-il constamment en toutes natures? Il ne s'agit plus,

pour leur attribuer le mérite propre au capital, de les dénaturer par le troc contre une
monnaie marchandise dont la difficile obtention exige toujours un sacrifice, mais seulement d'en représenter, d'après leur prix courant, la valeur sur un titre monétaire spécial, puis de l'échanger contre des titres
généraux avec lesquels ils soient de même
égalisés en puissance circulatoire, et donnent
droit de participation bénéficiaire, à prime
fixe ou proportionnelle.

Et (ce qui est très remarquable encore) un
des résultats de cette combinaison fináncière
les plus avantageux consiste à relier tous les
coparticipants du lien d'une solidarité d'intérêts commerciaux, qui ne leur permet pas de
considérer leurs intérêts respectifs comme
entièrement isolés les uns des autres, tous
étant porteurs de titres généraux représentant les warrants les uns des autres, et tous
pouvant en outre trouver dans la négociation
des titres spéciaux en circulation, un profit à
réaliser subsidiairement par le taux du change
déterminant sur chacun l'écart entre sa valeur *spéciale* et sa valeur *monétaire*, ou de
banque. Tous ces porteurs de titres circulatoires divers peuvent donc être considérés

comme intéressés à les acquérir, en vue des chances présentées par une négociation dont le succès dépend de leur propre diligence, ils sont donc, en quelque sorte, courtiers ou commissionnaires les uns à l'égard des autres.

Ne serait-il pas oiseux de s'appesantir sur l'accroissement que notre institution assurerait à la production, désormais encouragée, non plus par un crédit *décevant*, mais par une rapidité réelle d'échanges, journellement accrue elle-même par le nombre constamment progressif des membres attirés à la mutualité par l'appât des avantages multipliés qu'elle leur présente, joints à celui de leur donner la faculté d'en faire circuler leurs produits par la simple émission d'une valeur, lettre de change sur eux-mêmes, qui, appuyée de la plus sûre garantie, peut, avant tout, leur servir à solder leurs achats, tout en les exemptant des risques inhérents au *billet à ordre* du passé.

Alors, enfin, et seulement alors, sera réalisé cet axiome de Ricardo : la monnaie à l'état le plus parfait, c'est le papier ; axiome récemment glorifié, mais non encore justifié par la moindre tentative de réalisation : —

la monnaie de papier (billets de banque et d'État) sera la monnaie perfectionnée (1).

Et nous voyons alors le crédit commercial assis sur sa véritable base et la plus large qu'il soit possible de concevoir, celle d'une mutualité sans bornes, substituée à une étroite association d'intérêts privés, égoïste exploitatrice d'un besoin public qu'elle reste fatalement impuissante à satisfaire. Et cette dernière considération n'est-elle pas à elle seule plus que suffisante pour déterminer les nombreux intérêts qu'elle concerne, à commettre le soin de leur défense à une simple AGENCE émanant de leur collectivité, et ne pouvant avoir d'autre but d'activité que la prospérité progressive de ses commettants?

Au nombre des services attributifs de l'institution proposée, nous rappellerons ici la question des avances, sommairement traitée dans notre neuvième section, *avances* qui consisteront en warrants à vue à remettre aux accrédités de la banque en échange contre leurs warrants à terme. Cette avance affecte même l'intérêt général, en ce qu'elle confère

----

(1) Ém. de Girardin, Introduction à la Réforme banquière, par Darimon.

au travailleur la faculté d'employer produc-
tivement l'intégralité d'une puissance productive que la privation du capital, à ce nécessaire, pourrait condamner à une stérile
inaction. Il serait donc, de la part de notre
institution de crédit, autant immotivé que préjudiciable au bien public, de refuser ce crédit
à tout mérite reconnu par elle, tant que, à
l'instar de ses devancières, la circulation de
ses titres généraux lui permet de concourir,
par cette généreuse assistance, à l'émanci-
pation graduelle du travail.

En pareille occurrence, — ainsi que nous
l'avons précédemment posé en principe,—le
bénéficiaire de l'avance serait passible d'une
indemnité envers son commanditaire, considérant comme tel tout porteur de son warrant *à terme*. Ce ne sera donc pas à la banque, mais à ce porteur à percevoir cette indemnité.

Pour que cette indemnité soit assurée à
celui-ci, elle sera déterminée sur le warrant
même, à raison d'un *quantum* par chaque
jour de sa circulation, et chaque porteur successif se prévaudra sur son cessionnaire
pour raison des arrérages échus, qui seront
finalement acquittés entre les mains du der-

nier porteur, sous garantie de la banque, par le débiteur, auteur du warrant.

Si ce titre à terme est offert en échange à la banque, elle peut aussi en donner couverture en titres distancés comme le warrant lui-même, et ce titre, rangé dans la classe des obligations, acquittera les conditions propres à ceux de cette sorte.

XIV.

Jusqu'à ce moment, nous avons appelé la seule richesse mobilière à participer au bienfait de la monétisation. Mais pourquoi la richesse foncière, celle qui donne la vie à l'autre, en resterait-elle exclue ? Les biens-fonds ne sont-ils pas objets de commerce tout aussi bien que les effets mobiliers ? Seraient-ils essentiellement destinés à l'immobilité ? Et ne voit-on pas, tout au contraire, une grande partie de leurs détenteurs, en dépit du désir qu'ils ont de les mettre en circulation, rester, malgré eux, propriétaires de capitaux immobilisés entre leurs mains au préjudice de leurs propres intérêts ? Et même l'intérêt général de la société ne réclamerait-il pas impérieusement la transmission de ces biens dans les mains les plus capables de les faire fructifier directement, et leur valeur, employée d'une manière plus conforme à l'aptitude de leur propriétaire, ne deviendrait-elle pas, par le labeur intelligent de celui-ci, plus productive qu'elle ne pourrait l'être en conservant dans ses mains leur même nature ? Quel est, en effet, le sort de ces propriétaires enchaînés à leurs biens-fonds ? Ignorant l'art de les utiliser, et doués si rarement de l'aptitude nécessaire au succès de l'exploitation de ces sortes de biens, on les voit réduits à confier ce soin à des industriels plus capables qu'eux de s'en acquitter utilement, et force leur est de se contenter d'un infime revenu qui, distrait d'un produit, qui semblerait intégralement dû aux producteurs agricoles, leurs métayers ou fermiers, considéré, dès lors, comme dîme usurpée sur l'oisiveté, est trop souvent contre eux l'objet d'un reproche que n'atténue pas, en leur faveur, la considération de la commandite, quoiqu'ils eussent bien quelque droit de la faire valoir. En effet, ne voit-on pas journellement de ces propriétaires, pour accroître par un emploi plus lucratif du capital, un revenu trouvé par eux insuffisant, aliéner, coûte que coûte, cette propriété ; puis, à défaut de la capacité industrielle que l'éducation ou la nature ne leur a pas départie, confier leur capital transformé à des mains plus habiles que les leurs, pour obtenir en échange le droit de participation périodique à des profits résultant de l'emploi de ce nouveau capital, profit dont une part leur est due, puisqu'à défaut de leur personne, leur capital, du moins, a concouru à la production de ces profits, juste rémunération de la commandite dans le cercle de laquelle ils ont pris position dans l'intérêt de la société tout entière, qu'enrichit tout travail utile aidé du capital.

Or, cette mutation n'a causé nulle diminution dans le produit primitif du capital ; elle a donc produit un avantage, non seulement personnel, mais encore social et public. Ainsi, la facilité de la mutation de tous capitaux quelconques, selon les diverses convenances personnelles, est une puissante cause de l'accroissement de la richesse générale et, conséquemment, une condition du développement de la prospérité publique. Nous pouvons donc bien légitimement réclamer les plus efficaces encouragements en faveur d'un nouveau système de crédit financier, capable de lever les difficultés qu'éprouve encore sous l'ancien la mobilisation de ces biens qui, par leur importance, devraient avoir la plus large part aux avantages de ce crédit, avantages auxquels ils ne pourront atteindre que par la monétisation du capital par voie représentative de sa puissance circulatoire, quelle qu'en soit la nature.

Mais cette mutation, selon la convenance personnelle, est, comme toute transmission de propriété, soumise à la loi du paiement, loi aujourd'hui plus dure encore pour les immeubles qu'elle ne l'est pour les biens meubles, l'étant pour chacun en raison de la facilité d'y satisfaire, facilité bien plus grande pour les premiers, de toute la différence de valeur existant entre ces deux natures de biens. Et jusqu'à ce jour, il peut être vrai,—jusqu'à un certain point,—de dire que, par la médiation de la monnaie *marchandise*, les produits s'échangent contre les produits, grâce encore à la faculté qui leur est laissée d'échapper parfois au privilége exercé par cette monnaie d'intervenir dans tout paiement. Mais des empêchements multiples qu'il serait superflu d'é-

numérer ici, s'opposent à ce que cet aphorisme puisse être appliqué directement aux
biens-fonds. Ceux-ci, privés des ressources du
crédit, sont réduits au troc entre eux, pour
échapper au troc préalable contre l'argent
comptant. Et à quelle somme de ce numéraire s'élèvent les demandes journalières de
ces *infortunés* propriétaires de biens-fonds,
déjà surchargés d'une dette qu'ils ne peuvent et ne pourront JAMAIS acquitter sous le
régime financier encore en vigueur! Et le
troc lui-même, d'une occasion si rare, brise-
t-il la chaîne qui tient le propriétaire foncier
rivé au sol sur lequel, parasite social, il reste
condamné à subir à jamais tous les ennuis de
l'inutilité personnelle! En attendant qu'une
législation progressive l'affranchisse enfin de
cette lourde chaîne, dernier vestige d'un
système social relégué dans les archives du
passé, cherchons-lui quelque moyen légal
de s'en décharger selon sa volonté en faveur de qui, pour lui-même, la jugera légère.

Ce moyen se présente, sinon encore dans
la monétisation *directe*, du moins dans la monétisation indirecte de cette sorte de propriété. La voie à la monétisation directe est

peut-être pour longtemps encore interdite aux biens fonciers ; mais celle de la monétisation des revenus qu'ils produisent, leur reste ouverte, et conduit au même but au prix de quelques frais seulement à mettre par les intéressés en balance avec les avantages qu'ils pourront se promettre de la monétisation, sinon de leur immeuble, au moins du revenu de cet immeuble, traduit simplement en rentes représentatives de sa valeur et créées sous condition de la garantie hypothécaire et du transfert du titre de la propriété, au rentier-prêteur, au cas de non-paiement de la rente.

Pour parvenir à son but, le propriétaire requerra la médiation de l'agence. Instituée pour faciliter toute circulation commerciale, pas plus qu'à tout autre propriétaire, elle ne peut refuser cette médiation au propriétaire d'immeubles. Après appréciation rigoureuse, faite à la diligence de ceux à la circulation desquels son intervention est nécessaire, un acte notarié rédigé sous son inspiration porte, avec la désignation exacte de ses biens, la déclaration du propriétaire de vouloir les représenter par un nombre déterminé de signes circulatoires exprimant ensemble la valeur reconnue à l'immeuble. Ces signes représentatifs sont intitulés *warrants de rente foncière*, titre qui leur est mérité par la stipulation d'un intérêt proportionnel à la valeur nominale du warrant, stipulation mentionnée sur l'acte susdit relaté au dos du warrant. Ces warrants sont soumis comme tous autres à la loi du change des valeurs spéciales monétisées. L'acte notarié confère à la banque, garante des engagements du propriétaire, le droit d'hypothéquer la totalité du bien monétisé à la sûreté de leur acquittement, et de transférer, au besoin, ce droit aux porteurs des warrants, ce qui aurait lieu à l'époque de péremption d'hypothèque, si, à cette époque, le propriétaire ne préférait acquitter ses warrants par un autre mode que l'aliénation.

Toutes ces formalités remplies, la banque appuie de son aval les warrants du client, puis les remet dans ses mains, pour être par lui négociés selon sa convenance. Par cette négociation, fruit de la monétisation *parcellaire* de son immeuble, il le fait circuler dans toutes les classes de la société, desquelles il obtient, en échange de ses titres, réalisables dans un laps de temps déterminé et sous la meilleure des garanties, tous les objets de commerce nécessaires à sa satisfaction ; puis, à l'époque de la réalisation de ses warrants, il lui reste encore l'option entre leur remboursement et l'aliénation finale du gage , conformément au contrat passé primitivement avec la banque.

Et dans cette sorte d'opération, tous ces propriétaires, — purement nominaux, — de biens dont souvent ils ne retirent d'autre avantage que d'avoir droit à ce titre fastueux acheté par des engagements plus ou moins ruineux, — ces propriétaires, mieux avisés, ne trouveraient-ils pas un moyen de libération qui joindrait à la facilité de son emploi le mérite de pouvoir être appliqué sans amener, comme par la vente contre argent *exclusivement*, l'avilissement de prix, résultat inévitable de l'accomplissement de cette dernière condition ? Comment, en effet, et dans quelles caisses trouver les milliards, en *ce numéraire*, indispensables à la liquidation définitive de la dette foncière, liquidation à laquelle, dans notre supposition, vient aider le capital mobilier, souvent, lui-même, désireux d'une transformation que lui rend éga-

lement facile le bienfait de la monétisation,
rendue facultative à tout propriétaire ? Enfin, par cette monétisation foncière, ne voit-
on pas bientôt toute cette sorte de propriété
devenir graduellement l'apanage *naturel* des
plus capables de l'utiliser, finalement affranchis de toute redevance au profit d'une
inhabile oisiveté ?

Et, d'autre part, ne voit-on pas avec une
égale satisfaction le propriétaire, jusqu'alors
inutile, passer, avec son capital transformé,
dans la partie du vaste champ du travail
productif la mieux appropriée à son aptitude personnelle, et même à défaut de cette
habileté réussir, grâce au concours de plus
habiles que lui, à recueillir de ce nouveau
capital un revenu que lui aurait à jamais re-
fusé l'exercice du droit de propriétaire foncier, tout flatteur qu'il puisse paraître encore
à la vanité facile à satisfaire ? Et la monétisation foncière, se confondant dans un même
fait avec la monétisation mobilière, qui ne
pressent l'importance des services que se ren-
draient mutuellement l'industrie agricole et
l'industrie manufacturière, toutes deux enfin
à titre égal, exaltées sous la commune dénomination d'industrie productive de la vraie

richesse, celle qui consiste dans l'abondance de toutes les sortes de produits nécessaires à la satisfaction des besoins et des désirs qu'enfante, avec une constante progression, la vie sociale, seule aussi en puissance d'y pourvoir.

SECONDE PARTIE.

RÉALISATION PRATIQUE

DE LA

NOUVELLE DOCTRINE FINANCIÈRE.

XV.

Nous avons dénié à l'association limitée, quant au capital et quant au nombre de sociétaires, la faculté de rendre les services que tout détenteur ou propriétaire et tout producteur de richesses commerciales est en droit d'attendre d'une banque de crédit et de circulation. Cette dénégation est motivée sur ce que l'étendue de tels services excède les bornes normales de la puissance d'une collectivité restreinte à quelque degré que ce soit, et sur ce qu'à leur dispensation peut seul suffire le concours de *tous* ceux-là mêmes qui les réclament, et qui, pour s'en assurer l'obtention, s'unissent par cette mutualité d'intérêts, seule capable aussi de les tenir affranchis du monopole. Mais toute initiative, cependant, étant personnelle, et la puissance d'un initiateur pouvant rester insuffisante au succès de cette initiative, nous accepterons préalablement une association, si elle est indispensable à ce succès.

Conformément à ce principe, nous com-

mençons par adjurer toute puissance individuelle, et subsidiairement, nous faisons appel
à l'association de celles dont aucune ne se
croirait, isolément, posséder une puissance à
la mesure d'une telle entreprise. Dans ce
dernier cas, nous pensons que la *mutualité*
devra quelque rémunération pour prix de la
courageuse initiative prise par les membres de
cette association, dont nous ne déterminerons
même pas le caractère légal, et nous résume-
rons cette rémunération en un avantage à
lui assurer par la mutualité.

L'objet de cette association, préalablement
jugée indispensable, devant être déterminé
par la nature des services à rendre par l'agence,
nous allons tracer les prolégomènes de l'engagement qu'elle devra prendre à l'égard de
la généralité appelée à recueillir le bienfait
de ces mêmes services.

1.

La Société, constituée régulièrement, se
résume en une institution ayant pour titre :
*Agence française de monétisation de toute
propriété commerciale.*

2.

Cette Société est un individu collectif chargé des soins dévolus à cette agence, et cette mission sera remplie par elle tant qu'elle durera, soit dans les personnes exclusivement qui l'auront constituée, soit dans toutes autres qui pourront se succéder, seulement pour accomplir les attributions de l'agence *préalablement déterminées*.

3.

A cet effet, la Société déléguera à son gérant la direction générale de l'agence, et celui-ci fera la distribution du travail administratif le plus propre à garantir le succès de l'entreprise ; en un mot, il en organisera tous les services dans la limite des attributions qui lui seront conférées à cet effet.

4.

La rémunération de la Société *initiatrice* consistera dans un prélèvement qu'elle aura droit de faire sur le produit périodiquement déterminé des commissions rémunératrices de ses services, le surplus étant dévolu à la mutualité des coparticipants.

Reste maintenant à signaler les principaux devoirs attributifs de l'agence à l'égard de sa clientèle. Ses opérations sont simples ; l'exposé que nous allons en tracer présentera la réalisation des principes sur lesquels cet écrit appuie le crédit *monétaire*, les seuls paraissant rationnels à son auteur.

La banque de circulation des richesses commerciales a pour mission d'en accélérer l'échange par leur monétisation, la circulation des produits effectués par elle, sous forme monétaire, étant pour eux le moyen le plus expéditif de rencontrer les besoins à la satisfaction desquels ils sont propres.

1.

Le premier acte d'accomplissement de cette mission par la banque, ou plutôt par l'agence, consiste, — appréciation faite par elle du droit au crédit demandé,— dans l'apposition d'un aval sur les titres présentés à garantir, exprimant promesse de livrer à vue, ou à terme fixe , des produits d'une nature déterminée pour la valeur monétaire marquée sur le warrant, ce titre, ainsi garanti, prenant cette dénomination caractéristique (1).

La durée de la garantie est soumise à la décision de l'agence, mais la période en est la même pour tous les warrants émis pendant cette période.

2.

La formalité de l'aval remplie, le warrant reste à la disposition de son auteur, laissé libre de le négocier à son gré. Soumis préalablement à la loi d'appréciation de sa puissance circulatoire, c'est-à-dire de sa valeur comme monnaie, il portera l'empreinte de celle qui lui sera reconnue par application d'un tarif révisé périodiquement, et cette valeur sera placée en regard de la valeur à livrer exprimée en francs, pour être ainsi mise fictivement en circulation par l'auteur même du warrant, selon sa propre convenance.

3.

Le client peut aussi déposer en consigna-

---

(1) Cette dénomination, déjà connue en France, y sera facilement vulgarisée par l'usage. La banque l'adoptera comme présentant l'expression la plus brève de l'idée d'un titre circulatoire *cautionné*.

tion son warrant dans le portefeuille de l'agence. Il peut donc également en faire immédiatement l'échange avec elle contre d'autres warrants de son portefeuille, ou contre des titres monétaires créés par elle, pour, — sur toute demande, — représenter, d'une manière *générale* dans la circulation, les titres spéciaux qui lui sont offerts en contre-valeur.

4.

Ces titres généraux créés par l'agence et laissant à leurs porteurs le droit de déterminer les spécialités qu'ils désirent en échange, ces titres, disons-nous, peuvent être bénéficiaires, c'est-à-dire stipuler, sous un caractère quelconque, en faveur de leur possesseur, une prime pour prix d'un délaissement, en varrants, fait temporairement au portefeuille de l'agence.

5.

Tout Français ayant droit de participer aux services de l'agence de monétisation, celle-ci se qualifiera de FRANÇAISE ; et, pour justifier cette qualification, son administration initiale, séante à Paris, deviendra centrale par suite de l'attribution qui lui est conférée d'établir dans chaque chef-lieu de département, selon l'opportunité, une sous-agence relevant d'elle, et revêtue d'attributions en tout semblables à celles de l'administration centrale à l'égard de son département *exclusivement*, et sans préjudice du droit d'exercice de cette dernière à l'égard de tout client requérant son service immédiat.

6.

Les sous-agences, ou agences départementales, créeront donc, à l'instar de l'agence centrale, des titres monétaires et bénéficiaires, mais sous le contrôle de celle-ci, sans l'aval de laquelle elle ne les recevrait pas en échange.

7.

Toujours sous le contrôle de l'administration centrale, les agences départementales auront leur portefeuille particulier et leur comptabilité particulière; mais, privés qu'ils seront, sous leur forme originelle, de la garantie générale, leurs titres n'auront hors de leur département qu'une circulation non officielle, pouvant cependant circuler officiellement au moyen d'un aval toujours facultatif à l'administration générale, et auquel, en tous cas, il pourra être suppléé par l'échange des monnaies départementales contre des titres généraux de l'agence générale constamment en puissance de faire cet échange en compte-courant.

8.

La constitution des agences départementales sera semblable à celle de l'agence générale. Le travail administratif sera dirigé par des directeurs départementaux élus par le directeur général de l'agence française. Ils seront assistés par des conseils dont les membres seront désignés par leurs directeurs respectifs, et leur nomination ratifiée par le directeur général.

9.

Toute opération administrative sera soumise à la sanction d'un conseil d'administration. Les membres de ce conseil seront choisis parmi les détenteurs de titres bénéficiaires, qui en feront le dépôt entre les mains

de l'administration de leur département respectif, pour y être conservés jusqu'à l'expiration du temps d'exercice de leur charge.
La quotité de valeur en sera déterminée par
l'agence générale. Les comptes généraux,
approuvés par les conseils susmentionnés,
seront rendus publics.

10.

La comptabilité générale n'admet pas de
compte de CAISSE ; elle se résume entièrement
dans le compte du portefeuille, l'agence
n'ayant en propre que des warrants ou promesses de livraison, en *valeur*, à réaliser en
ioute nature de richesses commerciales *quelconques*, et n'ayant ainsi d'autre compte à
rendre que celui de l'état de ce portefeuille,
pour témoigner du maintien de son équilibre avec les titres monétaires émis sous sa
responsabilité, titres ne représentant que des
valeurs exprimées en unités monétaires, *mesure commune de la puissance circulatoire* des
divers titres représentés.

11.

Les agences percevront de leurs clients, à

titre rémunératoire de services, un droit, tant pour chaque aval apposé, que pour chaque échange opéré et titre délivré. Un droit pareil sera perçu par l'administration centrale sur tous les titres monétaires des diverses administrations départementales.

12.

Ces divers droits formeront le bénéfice des banques départementales, ainsi que celui de la banque centrale, et le produit en sera distribué entre les ayants droit, prélèvement fait d'une partie destinée à la formation d'un fonds de réserve, propriété collective de tous les porteurs de titres bénéficiaires généraux ou départementaux, et dont il sera fait emploi conformément aux décisions administratives sanctionnées par le conseil central d'administration siégeant à Paris, en respect des droits attributifs de toute mutualité.

Ce peu d'articles élémentaires, censés revêtus de toute sanction légale, nous semble suffire à donner l'intelligence du système des attributions dont sera investie l'agence de monétisation, que son directeur en soit le fondateur *unique* ou *collectif*.

Le premier fruit de cette institution sera de préserver à jamais le commerce du grave inconvénient de la variabilité du prix des monnaies métalliques relativement aux autres marchandises, au mesurage de la valeur desquelles elles sont encore exclusivement employées, ainsi qu'à leur paiement; cette valeur n'étant encore considérée que du point de vue de la convenance *personnelle* IMMÉDIATE.

La monnaie nouvelle a une valeur FIXE et indépendante de la valeur matérielle respective des marchandises, même entre elles. Cette valeur, qui lui est propre, provient de l'utilité respectivement manifestée de leur concours à l'accomplissement général des échanges.

L'emploi de cette monnaie présente surtout le grand avantage de neutraliser, autant que possible, le vice inhérent aux métaux, celui de la variabilité de leur prix relatif sur les diverses places et selon les diverses circonstances, sous l'empire desquelles ils s'y présentent (1).

____

(1) Le prix réel des produits est toujours subordonné

Le commerce peut-il longtemps consentir
à ce que la régularisation de l'écart de prix
entre les métaux, érigés en instrument exclusif

---

au degré d'affluence de l'argent nécessaire jusqu'à ce
jour pour les payer. Or, par des circonstances plus ou
moins en dehors de la prévision commerciale, l'éventualité des variations dans cette affluence vient trop
fréquemment déranger les combinaisons commerciales
les plus sages. Tous les produits se payant réciproquement par la médiation de la monnaie métrique
d'une puissance circulatoire garantie *pour un laps de
temps* DÉTERMINÉ, il est évident que sous l'égide d'une
telle assurance, le commerçant est préservé de toute
déception sur ce point, pendant toute la période de durée
de l'assurance. En effet, le billet promettant 1,000 fr.
d'argent dans quelques mois, peut très bien nécessiter
au débiteur la sortie d'une *valeur* réellement supérieure à celle qu'il a cru s'engager à donner, quoique
restant *nominalement* la même, et cela par suite du
renchérissement accidentel de l'argent. Mais la valeur ou puissance circulatoire exprimée en *Néonomes* (section V) est invariable, représentant en ces
unités monétaires d'un ordre nouveau la puissance
circulatoire de toutes les richesses commerciales, et
celles-ci se faisant constamment équilibre, l'une à
l'autre, par suite de la compensation officiellement ordonnée par arbitrage administratif.

Ainsi le prix des produits, *promis en métaux*,
pourra varier sans que pour cela la valeur *échangeable* du titre monétaire, qui les représente *en cette dernière nature* de valeur, subisse la moindre variation :
Quod erat demonstrandum.

de paiement, échappe au frein de tout principe susceptible de neutraliser les pernicieux effets de ces brusques écarts, et à ce qu'ainsi il devienne de jour en jour de plus en plus difficile d'établir entre eux, comme entre eux et les produits, et dans des conditions normales et rationnelles, cet équilibre sans lequel la réalisation littérale des engagements est toujours plus ou moins entachée de violation des principes de la vraie justice. Et pour résoudre la difficulté, que faire de mieux que d'éluder, dans les métaux, le privilége de monétisation encore exercé par eux, de l'éluder par la création facultative à tout commerçant d'une monnaie fiduciaire que la nature de son office rende supérieure au privilége lui même, le droit d'être monétisée étant commun à TOUTE *valeur échangeable*.

En définitive, à quoi sert la monnaie? car on ne peut trop revenir sur cette vérité si importante, quoique généralement encore trop mal appréciée?—Elle sert à procurer à son possesseur, par un échange à sa convenance, tout objet apporté sur le marché. Tel est le caractère essentiel à la monnaie. Il consiste surtout à *représenter en* VALEUR les produits ou services offerts à l'emploi.

L'or et l'argent ne représentent rien qu'eux-mêmes, et tout vendeur demeure constamment libre de les refuser en échange. Avaient-ils donc tort tous ces financiers et penseurs économistes de dire et de répéter : le papier peut rendre autant et plus de services que le métal à l'emploi comme monnaie. Et comment se fait-il que, en dépit de son irréfragable justesse, tant d'expériences faites de l'application de ce précepte n'aient encore produit que de déplorables ajournements précurseurs, sans nul doute, de nouvelles déconvenues? C'est parce qu'il a manqué aux expérimentateurs la connaissance de la condition absolue de la monétisation du signe représentatif de la valeur *spéciale* de la richesse. Ils n'ont pas su lui conférer la puissance circulatoire que la monnaie doit exclusivement à sa propriété de *généraliser la* VALEUR en la mesurant quant à la puissance CIRCULATOIRE du titre représentatif.

Il ne reste de subsistant de toutes les tentatives de monétisation du papier que le chétif billet des banques, dégénération des banques de dépôt, qu'il ne s'agit que de rétablir sur des bases nouvelles et plus larges.

Or, le billet de banque ne représente pas une VALEUR, il représente seulement un certain poids *légal* d'or ou d'argent, lequel poids a la prétention de représenter une valeur *fixe*, comme si *valeur* pouvait s'assimiler à *pesanteur*.

Ils ont tous dit: un crédit *bien organisé* remplace avantageusement le métal, et tous, sans exception, de faire, pour remplacer ce métal, du papier-monnaie promettant exclusivement — le métal monnayé!! le métal, à l'insuffisance radicale duquel, autant qu'à son impropriété native comme instrument d'échange, ils proclament l'urgence de suppléer! N'est-ce pas là tourner perpétuellement dans un cercle vicieux?

Sortons-en donc enfin, puisque l'indispensabilité du supplément est reconnue, comme aussi la nature même du supplément.

La monnaie, disons-nous, doit représenter les objets, non pas en *nature*, mais en *valeur*. Les objets doivent donc préalablement exister à la disposition des porteurs du signe représentatif. Cette existence attestée, et l'appréciation des objets étant faite par un mode quelconque et constatée par la publicité de leurs prix courants sur leur marché respectif, quelle difficulté, désormais, à les représenter *en valeur* circulatoire reconnue sur le marché général? Et le papier servant à cet emploi n'a-t-il pas droit de s'intituler monnaie, bien plus de droit même qu'un disque de métal qui peut avoir sa propre valeur, mais qui, certainement, n'a la valeur d'aucune autre marchandise, puisqu'il n'en a pas la propriété, et dont, en outre, celle lui appartenant en propre, n'a rien de typique, puisque le prix, qui en est l'expression, est essentiellement variable?

Il est donc rationnel de conclure de cette série d'idées suggérées par l'observation des faits eux-mêmes, que c'est à la marchandise à venir se faire monnayer en papier, comme le métal s'est fait monnayer par une empreinte, témoignage d'un poids et titre d'une matière métallique, bien plus que d'une valeur essentiellement incertaine. Que signifie la légende en relief sur les disques de métal? Elle veut dire : valant tant d'unités monétaires. Le disque pesant cinq grammes, a pour valeur légale un franc ; il peut donc s'échanger contre tout autre objet d'une valeur appréciée à un franc sur la mercuriale, au même titre auquel cet objet peut s'échanger lui-même contre un troisième de valeur égale.

Rappelons-nous donc que, si la valeur de cinq grammes d'argent s'exprime par un prix dénommé un franc, ce n'est pas une raison pour reconnaître aucune valeur appréciable à ce mot, ni conséquemment à la matière sur laquelle il est empreint, et concluons qu'il sera tout aussi utilement appliqué sur du papier que sur du métal, et qu'il suffit à cette utilité, pour qu'elle soit réelle, que le papier donne, *avec assurance de l'obtenir*, le droit d'aller requérir, à l'adresse indiquée sur ce papier, un produit ayant la valeur y exprimée.

Or, cette faculté de monnayer est tout aussi propre aux détenteurs de toute richesse commerciale, qu'elle peut l'être aux détenteurs d'or et d'argent, qui vont journellement les porter aux hôtels des monnaies; et s'il n'y a pas encore d'hôtel de cette sorte au service de l'universalité des détenteurs des richesses monnayables, ne leur est-il pas facultatif d'en ériger un duquel sortira, sous leur garantie *mutuelle*, une monnaie plus utile que celle d'or et d'argent, d'une abondance toujours mesurée sur la réalité du besoin commercial, et en échange de laquelle son porteur pourra même, en y mettant le prix courant, obtenir ces mêmes métaux monnayés.

Et ces monétisateurs de toute richesse commerciale, en se rendant réciproquement cet important service, auront encore le mérite d'offrir aux spéculateurs sur l'avenir si problématique de la valeur *relative* du métal, un préservatif assuré contre le danger de devenir victimes d'une légalité persistante de son privilége ; et le pouvoir, chargé du soin pénible d'équilibrer les droits et les légitimes intérêts des créanciers et débiteurs, trouvera, lui-même, dans ce nouveau mode d'appréciation de la valeur, la solution qu'il chercherait vainement ailleurs et dont la découverte écartera toutes les difficultés de sa mission à cet égard.

En effet, cette monnaie une fois *légalisée*, quelle créance risquerait encore de jamais recevoir une réalisation contraire aux intentions primitives des contractants ?

Aujourd'hui, prêter cent mille francs, c'est prêter cinq cents kil. d'argent, ou en or, — soit kil. 32, 25. Que vaudra, relativement, ce poids de métal dans vingt-cinq ans ? Nul ne le sait, mais déjà la dépréciation en est plus que probable.

Cent mille francs en monnaie de la banque nouvelle, cela signifie : « cent mille francs *de valeur circulatoire* à réaliser en objets de *toutes* natures, à la convenance du porteur *au cours du jour.* » Par lequel des deux titres débiteur et créancier sont-ils plus assurés que sera remplie dans vingt-cinq ans l'intention qui a présidé à la rédaction de leur contrat ?

En empruntant, quel a été le but de l'emprunteur ? Ce but n'a pu être autre que de « se procurer une valeur de cent mille francs *en objets de commerce* A SA CONVENANCE. » Ce désir a reçu satisfaction par le prêt de cette valeur en MONNAIE. Or, si la monnaie consiste dans un titre donnant au porteur un droit *assuré* de se faire livrer en objets à sa convenance, et *au cours du jour*, la valeur marquée sur cette monnaie ; quelle que soit l'échéance du contrat, et dans quelque circonstance que la dette s'acquitte, le débiteur et le créancier ne sont-ils pas également assurés de l'accomplissement de la condition essentielle de leur contrat : la parfaite équivalence entre la valeur avancée et la valeur restituée ?

En effet, qu'a-t-il été avancé ? Une valeur

monétaire de 100,000 fr., soit 90,000 néonomes, *en objets à la convenance de l'emprunteur*.
Qu'est-il remis en restitution? Une valeur monétaire de 90,000 néonomes *en objets à la convenance du prêteur* Peut-il avoir été donné plus
complète satisfaction à l'un, et peut-il être
donné plus complète satisfaction à l'autre?
Quelle satisfaction plus entière pourrait et pent
procurer le prêt et la restitution en métal? Son
utilité monétaire est-elle autre que de procurer
à son porteur les objets *à sa convenance au cours
du jour de son emploi?* Or, le cours du métal
est essentiellement variable, tandis que la
monnaie représentative de la valeur de *toute* la
richesse commerciale en circulation, n'ayant
intrinsèquement nulle valeur, représentera
dans tous les temps la МÊМЕ valeur en objets de
commerce figurés par elle. Ainsi, dans cent
ans, 100,000 fr. en monnaie de banque auront, relativement à la marchandise en général, une valeur exactement égale à celle qu'ils
avaient le jour de leur émission, à moins,
toutefois, que la richesse elle-même ne s'a-
moindrisse. Supposons même qu'elle s'anéan-
tisse; il est évident que la valeur des cent
mille francs est perdue pour le créancier;
mais dans cette supposition extrême, lui res-

tituât-on ses 500 kilog. d'argent ou ses 32, 25 kilog. d'or, en serait-il plus riche? Contre quels objets *à sa convenance* les échangerait-il ? Oh ! sans doute alors il préférerait bien que son débiteur s'acquittât envers lui par la remise d'objets pareils à ceux dont l'obtention fut le but et le résultat du prêt, et dans ce cas il lui remettrait bien tout son or ou son argent en échange, et même le double et le triple si le débitenr l'avait en sa possession ; ce serait du moins pour le créancier le moyen d'utiliser ce métal, jadis si précieux, et devenu l'équivalent d'une traite sur un banqueroutier.

XVI.

Ici se présente sous notre plume une observation douée de trop d'actualité pour que nous omettions de la communiquer à l'attention du lecteur.

La monnaie, avons-nous dit, exprime numériquement le rapport de valeur existant entre toutes les richesses dont chacune de ses pièces doit être considérée comme une traite sur l'un des possesseurs de ces richesses diverses. Telle est la monnaie à son plus haut point de perfection.

La monnaie actuelle est encore loin d'avoir atteint ce degré. Un vice radical l'empêche fatalement de s'en approcher, et la mesure, par laquelle le législateur a cru l'élever au plus haut degré de perfection, constitue justement un arrêt qui la condamne à une complète et prochaine prostration. Nous voulons parler de celle d'inscrire sur des disques monétaires, d'un poids et titre déclarés invariables, le nombre d'unités de valeur *générale* que ces disques sont destinés à représenter, et, de plus, à PAYER, cette valeur à payer étant considérée comme leur étant inhérente et absolue, et, conséquemment, étant inséparable d'eux dans la pensée même de leurs possesseurs.

Du moment où le législateur décide que cinq grammes d'argent valent à tout jamais une unité monétaire appelée *franc*, il est supposé croire qu'il existe à la disposition des consommateurs de produits ou richesses commerciales assez de francs de métal monnayé ou seulement monnayable pour que cha-

cun d'eux, en prenant sa part en échange de
ces mêmes produits, soit assuré de pouvoir,
par un nouvel échange, se procurer d'autres
produits nécessaires à sa satisfaction, et c'est
probablement ce qui avait lieu à l'époque historique encore récente où la monnaie métallique puisait sa dénomination dans l'énoncia-
tion même de son poids. Dans les premiers
siècles de cette époque, la livre monétaire ou
de compte était réellement d'une livre de
poids de 12 onces. Mais le métal nécessaire
pour représenter, à raison de 12 onces chaque
pièce, une valeur en produits, tendant par
sa nature à un constant accroissement, ne
pouvait longtemps se trouver dans aucun
pays. Dès lors, le plus grand nombre des
acheteurs et des vendeurs trouvaient chaque
jour plus de difficulté à s'en procurer les
sommes nécessaires à leurs besoins mutuels.
En telle occurrence, force fut bien au souverain de contrevenir à la loi primitive, en
multipliant la monnaie, au moins nominalement, soit par la diminution de son poids, ou
par alliage et sans changement de dénomination de valeur monétaire. Par suite de ces opérations subreptices, tant vitupérées par les
économistes de la moderne école, quoiqu'elle

parùt alors le seul moyen d'établir une sorte
d'équilibre entre la somme de la monnaie et
la valeur des produits, comme entre la somme
des dettes et celle des créances ; par suite de
ces opérations, la livre tournois de 12 onces
d'argent, en passant et repassant par le lami-
noir légal, en est venue à ne peser que la
soixante-quinzième partie (5 grammes) de
ce poids primitif, et cela en dépit de l'ava-
lanche de métaux précieux , que , dans ces
derniers siècles, l'Amérique a déversés sur
le reste du monde.

Que serait donc aujourd'hui cet *invariable*
poids légal sans ce secours inattendu et fatalement toujours infructueux?

C'est à un arrêt du conseil de Louis XV,
jeune encore, que le poids de la livre tournois a dû sa dernière *fixation*, confirmée par
une loi impériale et maintenue jusqu'à ce
jour, assimilant toutefois au franc cette livre
tournois, et, grâce aux anathèmes lancés par
la moderne école économique contre l'ancien expédient de multiplication monétaire,
le retour à cet expédient, d'ailleurs,—reconnaissons-le,— essentiellement vicieux, est devenu impossible. Le poids de la pièce d'un
franc restera donc à jamais invariable. Mais

dépendra-t-il du législateur que le rapport de valeur de la somme totale des francs, émis pour la facilitation des échanges, à la valeur également totale des produits, affluant sur le marché dans une abondance *constamment progressive*, dépendra-t-il, disons-nous, de son autorité, que ce rapport soit invariable, comme le poids et le titre de la pièce de monnaie? Tel est pourtant la condition sans l'accomplissement de laquelle l'invariabilité de la valeur monétaire reste une chimère.

La valeur est toujours en raison de l'utilité reconnue, c'est-à-dire, de l'importance mise à la possession des choses. Or, la monnaie, la chose la plus nécessaire à la transmission des objets de commerce par une voie autre que celle du troc, a d'autant plus de valeur qu'elle est plus rare relativement au besoin ; et le besoin qu'on en a croît nécessairement en raison de l'accroissement de la valeur de la richesse à transmettre par sa médiation. Ainsi, cette richesse étant constamment sollicitée à s'accroître, à quoi la monnaie sera-t-elle bonne, en définitive, elle qui doit servir à mesurer la valeur, si son abondance ne suit les progrès du développement de celle-ci? Or, le suivre, lui est matériellement impossible ; sa valeur marchande y met un obstacle insurmontable, et le législateur étant à jamais privé de l'expédient empirique de l'augmentation frauduleuse, que deviendra donc le sort de cette monnaie, ou plutôt du commerce, tant qu'il omettra de suppléer, par la création d'une monnaie nouvelle toujours suffisante, à l'insuffisance fatalement de jour en jour plus grande de la monnaie-*marchandise* ?

Et pourtant deux métaux précieux s'offrent à son service ; deux métaux dont les valeurs respectives sont immuablement fixées par le rapport LÉGAL d'un à quinze et demi depuis un demi-siècle à peine, et déjà voilà la décision suprême du législateur, frappée d'invalidité par un acte de mercantilisme monétaire, intervenant au nom du droit de propriété appliqué à tout capital, et témoignant de l'absence d'équilibre réel entre les deux métaux.

.On doit le prévoir ; la prépondérance sera finalement attribuée à l'un des deux par les lois des divers États. Tel s'est déjà prononcé pour le plus précieux, et d'autres en sens contraire ; chacun dans son ornière, sans savoir où cette ornière conduit.

En attendant la solution de ce conflit, débiteurs et créanciers, acheteurs et vendeurs en sont à fonder leurs négociations sur la prévision du lendemain sans se préoccuper d'un avenir plus éloigné. Et cependant, empruntent-ils dans la pensée de faire dans quelques années banqueroute de quelques pour cent à leurs créanciers à l'aide d'un remboursement LÉGAL ? Prêtera-t-on dans la prévision de pouvoir bientôt exiger pour acquittement une quantité de métal promise, mais dont la valeur légale ou réelle aura grandi au grand profit du prêteur ?

Provisoirement, la passion du jeu s'exerce déjà sur l'avenir de ces deux précieux métaux, et l'on voit les marchands, au mépris de leur trafic habituel (1), se lancer, à l'instar des banques et banquiers, à la recherche de l'argent blanc, et vendre à tout prix soie ou coton, pourvu que ce prix se paie avec le métal le plus recherché, cru susceptible de trouver encore quelque demandeur surexcité par la perspective d'une hausse continue. Un tel

____

(1) Ce passage a été dicté sous l'impression du fait anormal du commerce d'argent monnayé, qui s'est fait notoirement en Europe dans les premiers mois de 1857, et se continue sans doute encore.

fait ne porte-t-il pas en lui-même la condam-
nation de la monnaie qui en est l'objet ?

D'un côté, monnaie avilie ; de l'autre, monnaie retirée du commerce. Comment donc
s'opéreront les transactions commerciales?
Et les gouvernements (car c'est toujours à eux
qu'incombe le fardeau des solutions sociales
les plus épineuses), quel parti prendront-ils
entre les deux compétiteurs? Tous deux sont
également en tort aux yeux de la saine raison ; mais les populations n'en persistent pas
moins à vouloir qu'il soit pris tel parti en faveur de l'un, et tel autre, en faveur de l'autre
métal, et force sera bien de généraliser cette
résolution décisive, si la loi ne peut parvenir
à mettre entre eux une harmonie rationnellement durable. Avoir deux monnaies *légales*
et de valeur relative constamment oscillante,
c'est vraiment n'avoir pas de monnaie, et ,
sans monnaie , l'on revient au simple troc ,
privé que l'on devient de toute mesure générale de valeur, au troc qui constitue, finalement, l'échange pratiqué par les promoteurs
de ces prétendues banques d'échange, dont
les seules traces sur le sol commercial n'y
signalent que déceptions et déconvenues ,
suite de la vanité de leurs services.

En effet, remontant à l'école Mazel, voyons-nous que la vraie *monétisation* soit sortie de l'officine d'aucun de ses adeptes (1). Cependant, il faut rendre justice à tout mérite : le bon d'échange, dont aucun de ses praticiens n'a su l'en avantager, végétant dans son impuissance native, pouvait-il lutter victorieusement contre le *tyran* millénaire qu'il avait la présomptueuse prétention de détrôner, et dont il n'ébranlerait même pas aujourd'hui la puissance, tout favorisé qu'il pût

---

(1) Le fait caractéristique de la *monétisation*, bien distinct du monnayage, — celui-ci impliquant une monétisation préalable, — consiste« dans l'adoption de l'*unité* de valeur d'une richesse commerciale, ou de plusieurs réunies, pour *mesure typique de la valeur de chacune des autres affluant sur le marché général.* »

Or, l'immortel Buffon, lui-même, nous l'enseigne : la monétisation ne fut jamais le produit d'une résolution spontanée. L'or, dit-il, est devenu le signe universel et constant de la valeur de toute autre matière par un consentement *unanime* et *tacite* de tous les peuples. Ce ne sera donc encore qu'à un consentement des échangistes que sera due la monétisation d'une nouvelle sorte de richesses, ou de plusieurs, ou de toutes celles, enfin, qui aspireront à ce bienfait. Et quel sera le témoignage de l'exercice du droit acquis à la monétisation, le seul irréfragable ? Ce sera la circulation effective, comme monnaie, du signe de valeur accepté d'un consentement unanime et *tacite :* le il oit prouvé

se croire par le conflit existant entre les deux éléments de la dualité monétaire ?

Attendrait-on plus de succès d'une résurrection de quelque banque dite *du Peuple*, fondant encore le crédit de sa monnaie de papier sur la simple *promesse* de l'acceptation de ce papier par les associés et adhérents de cette banque, promesse privée de toute sanction coërcitive ? De quel consentement *universel* et *tacite* pourrait-il obtenir l'appui contre la puissance d'une monnaie

---

par le fait même. Aussi aucun des titres, auxquels il est ci-dessus fait allusion, n'a-t-il jamais pu se g'orifier de ce témoignage (*).

(*) Du reste, le plus célèbre, aujourd'hui, des promoteurs de la pratique du Bon d'échange, par lui transcrit en *Billet de crédit*, l'avait déjà déclaré à ses actionnaires (assemblée générale du 7 janvier 1856). La monétisation de ces titres, avait-il dit, n'est pas possible, parce que la pratique n'en implique aucune commune mesure de valeur, et conséquemment, ajoutons-nous, constitue simplement le troc des billets de crédit les uns contre les autres, selon la convenance immédiate personnelle des troqueurs. M. Bonnard avait parfaitement raison, ne considérant la valeur de ses titres que du point de vue de la convenance *personnelle immédiate*.

Et cependant, pour en faciliter la pratique *administrativement*, il a imaginé la distribution des produits représentés en diverses catégories, et de ses catégories au tarif de change réciproque de ces mêmes valeurs, *considérées du point de vue de la convenance* GÉNÉRALE, il n'y avait qu'un dernier pas. Qui l'a franchi jusqu'à ce jour ?

portant avec elle sa valeur métallique jointe à la valeur monétaire, témoignage irrécusable de la sanction publique ? Tout le pouvoir du législateur lui-même ne pourrait la faire prévaloir. Dans quelle proportion les billets de cette banque du peuple représenteraient-ils les promesses qui leur serviraient de gage, promesses que, pourtant, le célèbre promoteur de cette banque aurait lui-même, aujourd'hui, l'esprit trop judicieux, pour considérer comme susceptibles d'être douées d'une égale puissance circulatoire, et, dès lors, comme étant, d'elles-mêmes, égales en valeur à des titres généraux créés pour les représenter dans la circulation ?

La bonification, uniformément accordée par les adhérents de cette banque à tous les porteurs de promesses de livraison, serait-elle de nature à établir et maintenir entre ces divers titres l'équilibre indispensable à leur circulation comme monnaie ?

Et puis, la base fondamentale de l'édifice auquel nous faisons allusion était encore la monnaie métallique, l'argent et toujours l'argent, funeste exemple, si fidèlement suivi par tant d'adeptes de l'école Mazel, quoique dans des voies plus ou moins différentes le unes des autres. Ainsi, toujours même holocauste offert à cette même idole qu'il s'agit, sinon de précipiter de son piédestal, au moins, loin de l'y souder encore, de l'en descendre cependant graduellement, pour, enfin, la vendre et livrer au plus offrant et dernier enchérisseur.

Nous n'avons donc nulle solution valable à attendre, ni de ces banques de compensation, de crédit direct, de crédit mutuel, ni des comptoirs de crédit commercial, pas davantage des banques, dites d'échange, et moins encore de celle qui se décorerait de la qualification fastueuse de rationnelle, cette dernière, surtout, prétendant se donner pour office spécial de garantir par une mutualité fatalement impuissante à trouver elle-même l'argent qu'elle appelle à son secours, de garantir, disons-nous, l'accomplissement de promesses de ce même numéraire, souscrites par ses membres, et aspirant vainement à une circulation monétaire que le mutualisme ne conférerait pas plus que l'individualisme ne pourrait le faire, le mutualisme fût-il aidé du secours du cours forcé, à défaut du consentement tacite des populations.

Mais cette digression sur les projets proposés par leurs auteurs, dans des vues sans doute louables, et (devons-nous ajouter) dont la proposition, journellement réitérée, aura tout au moins l'utilité de prouver l'urgence de perfectionner, en le complétant, un système monétaire qui s'est usé à produire tout le bien dont il était capable, cette digression ne doit pas nous écarter plus longtemps de notre sujet.

La monnaie est faite à l'usage de tout le monde ; elle appartient à tout le monde, et nul n'est en droit de la retenir sans emploi, encore moins de l'accaparer par sordidité mercantile. Si toute marchandise est monnaie, toute monnaie appartenant de droit à la circulation générale, ne serait-ce pas déjà trop d'accaparer une marchandise *quelconque* (1). Mais jouer à la hausse et la baisse sur la monnaie légale, la faire dévier ainsi de l'emploi pour lequel elle est faite, au point de vue économique et social, c'est un fait monstrueux, et l'on ne comprendrait pas un ordre social qui

______

(1) Du point de vue plus élevé de la morale sociale, tout accaparement mercantile constitue un délit condamnable ; il se résume en extorsion de la propriété d'autrui au profit du seul accapareur, par l'effectualité de la hausse *artificielle* qui en est le résultat calculé.

pût, au nom du droit de propriété, interdire à l'autorité gouvernementale d'intervenir pour supprimer la faculté d'exercer une spéculation aussi contraire au bien général, dont la défense est le principal objet de sa haute mission.

Du reste, l'histoire du célèbre système nous apprend par quels procédés son auteur prêtait à cette même morale l'appui de la sanction royale et toute l'importance du succès, fruit de ces procédés.

Et pourtant, il faut le reconnaître, la faute en est à l'institution elle-même, de renfermer en elle le germe de l'abus dont l'excès rendra sa réforme indispensable.

« La marque du prince, dit le célèbre
» Écossais (1), nous avertit qu'il a le droit d'en
» régler l'usage (des monnaies), de les aug-
» menter ou diminuer, *selon les besoins de*
» *l'État ou du commerce*, d'y substituer
» même des billets, mais des billets dont le
» fonds soit certain et égal à celui des es-
» pèces qu'il représente.

____

(1) Troisième lettre où l'on traite encore du crédit, et où l'on explique l'usage des monnaies en général et les avantages de la monnaie de papier en particulier.

» Il n'y a de richesses RÉELLES parmi les
» hommes que les denrées, les marchandises,
» et il n'y a de commerce réel parmi eux que
» le troc de ces denrées ou de ces marchan-
» dises. L'or, l'argent, le cuivre, ce ne sont
» que des richesses *représentatives*, ou des si-
» gnes de transmission........

» Tous les signes de transmission sont donc
» égaux ou indifférents, en tant qu'ils repré-
» sentent toutes sortes d'effets, et en tant
» qu'ils sont la mesure commune de leur prix
» et de leur valeur...

» Je conçois bien que les peuples qui pos-
» sèdent les mines d'or et d'argent ont profité
» avidement de la séduction où l'éclat de
» ces deux métaux a fait tomber les autres
» peuples; mais elle a jeté les autres peuples
» séduits dans un inconvénient terrible, c'est
» de *manquer, et presque toujours*, de la quan-
» tité de matière suffisante pour les signes
» de transmission, qui sont nécessaires pour
» le commerce établi chez eux, de sorte que
» plusieurs d'entre eux, *faute des signes qu'ils*
» DEVRAIENT *avoir*, et pour lesquels ils ont un
» titre, ne sauraient acheter les marchan-
» dises dont ils ont besoin, *quoiqu'elles* abon-
» dent dans leur propre pays...

» Mais voici le remède souverain au mal ;
» c'est de donner aux hommes un signe de
» transmission dont la matière soit prise chez
» eux, dont le prince (1) puisse augmenter
» et diminuer la quantité, suivant le besoin
» de l'État et du commerce, et, *surtout qui*
» *ne soit intrinsèquement d'aucune valeur.* »

On lit encore : « Le prince a un pouvoir
» direct sur ceux qui enferment et qui recèlent
» les espèces, parce qu'elles n'appartiennent
» aux particuliers *que par voie de circulation et*
» *qu'il leur est* DÉFENDU *de se les approprier*
» *dans un autre sens...* Toutes les espèces du
» royaume appartiennent à l'État, repré-
» senté en France par le roi... précisément
» comme les grands chemins, non pour les
» enfermer dans ses domaines, mais pour em-
» pêcher que personne ne les enferme dans
» les siens. »

Puis pour conclusion : « Mais enfin, pour
» éviter les recherches et les confiscations en
» matière de monnaie, il est encore curieux
» de remonter jusqu'à la source du mal et

---

(1) Substituez au prince, si la puissance nécessaire lui
fait défaut, celle de l'association des intéressés eux-
mêmes à la réalisation du fait, et vous verrez le fruit de
la substitution.

» de ne donner aux hommes qu'une mon-
» naie *dont ils ne soient pas tentés de faire*
» *magasin.* »

Ces citations renferment une leçon trop importante, pour que, les plaçant sous ses yeux au milieu du XIXe siècle, nous redoutions du lecteur le reproche de les avoir exhumées des archives de ce XVIIIe siècle sur lequel le Français de ce jour a la présomption de se croire tant en progrès *en* TOUTES *choses.*. Les principes qu'elles exposent sont trop vrais pour que l'application s'en fût fait attendre jusqu'à ce jour, si celui qui les a si courageusement professés avait bien connu les vraies conditions de cette application, et que, toutefois, son siècle eût été assez instruit déjà pour lui donner toute l'assistance nécessaire au succès.

Selon la doctrine, sur ce point, irrécusable de l'auteur, que nous citons, la valeur de la monnaie faite avec des métaux, et conséquemment avec une marchandise, dépend du rapport entre son offre et sa demande. Elle est, dès lors, incertaine et ne peut être appliquée comme mesure commune de la valeur des autres marchandises, cette commune valeur devant, à ce titre, être douée d'une inébranlable fixité, nous ne pouvons trop le répéter.

Mais cette fixité ne pouvait être l'attribut d'un papier promettant lui-même, sous la foi royale, il est vrai, de l'argent et toujours de l'argent, alors, comme encore aujourd'hui, condition absolue de tout crédit, et que le roi, bien plutôt débiteur déjà que créancier, était dans l'impuissance de donner à tout porteur de son papier, puisque ce papier était invoqué comme supplément à l'argent lui-même.

A qui donc, ou plutôt à quels capitaux, Law eût-il dû recourir et faire appel pour conférer à son papier le crédit indispensable à son cours régulier? C'était non pas au capital d'une seule sorte, mais aux capitaux de toutes natures, qualifiés par lui-même de *seules* richesses *réelles*. L'intelligence commerciale était-elle, au XVIIIe siècle, assez développée pour répondre favorablement à cet appel? Si l'on en juge par analogie, on pourrait croire à l'affirmative ; du moins, quant à l'ardeur de la spéculation, les faits l'attestent assez ; celle de cette époque ne le cède en rien à l'époque actuelle. On peut donc croire que si Law avait transformé tous les marchands de son temps en capitalistes, en leur demandant leur garantie collective en faveur de ses billets, il l'eût obtenue de ces marchands, les premiers intéressés à l'emploi de ces titres. Mais l'artifice de la monétisation de tout capital lui était-il révélé? Probablement non. A chaque siècle sa gloire. Ce sera, nous ne pouvons en douter, celle du dix-neuvième.

Cependant, il faut le reconnaître, Law avait déjà le pressentiment de cette condition absolue du succès du papier-monnaie, papier de commerce, par excellence, celle d'appuyer son crédit sur le commerce lui-même. En effet, il avait conçu, et s'efforça de réaliser le grand projet, de confondre les intérêts du roi et ceux de la banque avec ceux de l'immense association dénommée, compagnie des Indes, la considérant, ainsi qu'on va le voir, comme résumant tout le commerce de la France. Voici ce qu'il écrivait (1) (*Mercure de France*, mars 1720), sur le crédit et son usage :

« Mais quel est l'usage que le roi fait de ce
» crédit, conformément au nouveau système?

---

(1) Economistes du xviiie siècle, Guillaumin, p. 652.

» C'est de prêter à une compagnie de com-
» merce, dans laquelle tombent successive-
» ment *tous les effets* commerçables du
» royaume, et qui n'en font qu'une masse.
» La nation entière *devient* un corps *de né-*
» *gociants*, dont la banque royale est la
» caisse, et dans lequel, par conséquent, *se*
» *réunissent tous les avantages du commerce*
» *d'argent et de* marchandises. »

Puis, pour compléter son idée, il ajoute ce
commentaire : « Tous les peuples ont cru de
» tout temps que le commerce des particu-
» liers faisait la plus grande richesse d'un
» État. Que doit-on penser d'un État *qui fait*
» *le commerce* en corps, sans l'interdire
» néanmoins, aux particuliers? Enfin, si un
» commerçant est d'autant plus capable de
» grandes entreprises qu'il a de plus grands
» fonds, le roi peut-il trop engager ses sujets
» *à réunir leur argent* pour faire les avances
» du commerce général que *la France vient*
» d'entreprendre?... »

Law avait donc compris que le crédit d'une
monnaie de papier à l'usage, surtout, des
commerçants en général, doit s'appuyer sur
celui de chacun d'eux ; mais son erreur ca-
pitale fut de les résumer en un seul et de

compter sur la solidité du crédit de celui-là
seulement. Qu'était-ce, en effet, que la compagnie des Indes, quelque colossales que fussent ses proportions? Un individu collectif.
Que pouvait-on en attendre en échange de ses
actions érigées en monnaie? Des profits, voilà
tout, c'est-à-dire un résultat essentiellement
problématique, et, dès lors, incapable de
conférer à lui seul le crédit *monétaire* au signe représentatif appuyé sur la seule garantie de cette compagnie. Pour que sa garantie ne fût pas illusoire, il eût fallu qu'elle pos-
sédât la presque universalité des produits à
l'acquisition desquels sert la monnaie. Pouvant alors les livrer en échange de la sienne,
elle eût, en effet, rendu inutile l'intervention
de la monnaie métallique, et ses actions,
transformées en billets, devenaient et res-
taient la meilleure des monnaies, puisqu'à
l'avantage de leur emploi, en cette qualité,
ils ajoutaient celui d'une participation à ses
bénéfices (1). Mais le crédit était la base mou-
vante de la fortune de cette compagnie elle-
même; nulle réalité d'échange ne venait le

---

(1) Disposition réalisée par l'article 4 du projet de
statuts présenté page 168 ci-dessus.

consolider. Au premier souffle d'un discrédit dont rien ne la-garantissait, tout l'édifice élevé sur sa fortune devait tomber en ruine, ce qui est arrivé sans se faire attendre.

Qu'une compagnie générale des chemins de fer de France, par exemple, prenne sur toutes les autres entreprises l'initiative de la monétisation de ses produits, c'est-à-dire de ses services de locomotion, et nous croyons pouvoir l'affirmer, cette monnaie sera une des meilleures monnaies *spéciales* livrées à la circulation, parce qu'à la puissance de son crédit se joindra l'étendue de l'utilité reconnue à ces mêmes services. Ces valeurs seront, dès lors, faciles à équilibrer par la tarification avec tous les autres titres monétisés par le même procédé.

XVII.

Puisque nous voilà ramenés sur le terrain de cette appréciation de puissance circulatoire, résumée précédemment dans l'application d'un tarif du *change* RÉCIPROQUE *des valeurs*, nous allons en faire l'objet spécial d'une brève dissertation.

L'idée du *change des valeurs* n'est encore généralement comprise qu'autant qu'elle s'applique exclusivement, selon la pratique habituelle, aux titres dont l'acquittement nécessiterait un transport d'espèces, plus ou moins onéreux ou tardif, que l'emploi de la lettre de change a pour but d'éviter aux parties intéressées par l'application du change.

Nous avons d'autant moins d'observations à faire sur cette interprétation du *change*, que tout ce qui se rapporte à l'emploi des espèces est tout à fait en dehors de notre sujet. Mais il ne nous en paraît que plus important d'élargir dans les esprits la sphère de la conception de ce fait commercial, et d'indiquer à ce fait son véritable caractère.

Dans son origine, le *change* a consisté « à » prendre des monnaies, ou défectueuses, ou » étrangères, ou hors de cours, pour des mon- » naies du pays et courantes. »

Un autre mode de change consiste « dans » une négociation par laquelle un négociateur » transporte à un autre les fonds qu'il a dans » un pays étranger à un prix dont ils con- » viennent. »

Ce n'est pas la considération de la plus ou moins grande valeur intrinsèque des titres auxquels le change s'applique, qui pèse sur le prix de ce change, mais la seule considération de leur utilité dans le lieu où ils sont, relativement à celle dont ils peuvent être dans un autre lieu. Le soin de les transporter dans le lieu le plus favorable à leur emploi est la mission du changeur, agent intermédiaire des échanges. Et le prix du change, payé ou perçu par lui, n'est autre chose que *l'indemnité de disconvenance* respective des titres échangés, indemnité déterminée par rapport à l'utilité de chacun d'eux dans la main qui le détient. Ce prix constitue au préjudice d'un des détenteurs une moins-value *nominale* du titre qu'il demande, moins-value dont il est indemnisé par la plus-value que ce titre acquiert dans ses mains, en raison de l'utilité qu'il lui présente à lui-même. Si les titres circulants représentent une même sorte de marchandise, comme l'argent monnayé, la seule considération du lieu de livraison pèse sur le prix du change respectif des valeurs, et, dans ce cas, il n'est nul besoin de la signaler sur ces titres. Mais s'ils représentent des produits de diverses natures, ce prix, compensation de disconvenance, étant déterminé pour chacune d'elles, relativement les unes aux autres, il sera nécessairement porté sur le titre qu'il affecte par rapport à la monnaie générale, type de valeur circulatoire. Cette indication sera la condition absolue de sa circulabilité.

Lorsque deux échangistes troquent ensemble deux objets (nous l'avons surabondamment observé déjà), ils le font en vue de l'utilité que chacun d'eux reconnaît *pour lui-même* à l'objet par lui pris en échange : dans ce cas, la notion de mesure de valeur (ainsi que nous l'avons également démontré au commencement de cet ouvrage) n'a nulle influence sur leurs résolutions respectives. Mais si à l'objet ils en substituent le signe représentatif, et si ce signe, quoique exprimant monétairement une valeur égale à celle attribuée à l'objet cédé, représente une spécialité d'objet pour lui, cependant moins utile que ce même objet, il a droit à une addition à la valeur marquée sur le signe qui lui est présenté en échange. De deux traites de valeur *nominale* égale, l'une sur Bordeaux, l'autre sur Lille, si le détenteur de cette dernière en trouve pour lui la possession plus utile que de celle de l'autre traite, il ne consentira à l'échange, qui lui est demandé de l'une contre l'autre, qu'à la condition de recevoir une indemnité compensative de disconvenance, susceptible d'établir, *selon leurs intérêts respectifs*, l'équilibre entre les deux valeurs, eu égard à *l'utilité qu'elles présentent à ces deux échangistes*, respectivement.

Or, le même fait doit avoir lieu quand il s'agit de l'échange de deux signes monétaires, quelle que soit la spécialité à laquelle ils se rapportent. Le prix du change de ces signes spéciaux sera déterminé d'un point de vue général, mais ce prix restera soumis à la faculté, laissée aux deux échangistes, de le modifier, conformément à leur *appréciation personnelle de l'utilité* que ces titres présentent respectivement à chacun d'eux, et nul n'étant à cet égard meilleur appréciateur que lui-même, nulle autre autorité n'a droit d'intervenir dans leur négociation *privée*.

Mais il en est tout autrement, si les échangistes veulent conférer à leurs signes représentatifs le droit de la monnaie, celui de se faire accepter en échange contre toute valeur spéciale *pour la valeur typique qui lui est propre*. Dans ce cas, nul ne pouvant être juge dans sa propre cause, le créateur du titre spécial aura *nécessairement* recours à l'*arbitrage* d'une autorité, qui, pour être respectée par tout échangiste, soit désintéressée dans les questions d'arbitrage concernant les intérêts des possesseurs des divers titres monétaires. Cette autorité détermine par son estampille la valeur courante qu'elle juge appartenir à ces titres *en raison des rapports existant respectivement entre les offres et demandes qui en sont faites sur le marché général*, rapport dont la connaissance incombe particulièrement à l'arbitre, et cette détermination se fera elle-même par rapport à un titre général, véritable monnaie destinée à représenter la puissance circulatoire des titres spéciaux de toutes natures; ceux-ci pourront, dès-lors, venir s'échanger contre les autres et contre les titres monétaires généraux, ce qui ne pourrait rationnellement avoir lieu si les titres spéciaux ne portaient d'autre indication de valeur que celle de la spécialité promise, sans égard à la facilité respective de leur échange, toujours très différente pour chacun d'eux, et à l'égalité de laquelle, avec la monnaie, ils ne peuvent prétendre qu'en subissant une réduction de valeur à réaliser par le change, en raison de la difficulté reconnue d'en trouver les preneurs.

La connaissance des rapports respectifs, entre offre et demande des signes monétaires spéciaux, sera donc le *criterium* de l'évaluation relative de ces signes par rapport à la monnaie, et le témoignage de cette évaluation, empreint en regard du chiffre de la valeur marchande ou nominale promise par eux, avec indication du taux conditionnel de leur échange contre cette monnaie, leur en conférera le caractère autant qu'ils seront susceptibles de le porter.

La condition d'un arbitrage évaluatif des titres monétaires spéciaux, *en égard à leur puissance circulatoire*, ne peut être considérée comme un expédient empirique, privé de rationalité, dont le fruit serait, en définitive, d'avantager *arbitrairement*, sans règle ni principe, les uns au préjudice des autres. Tout au contraire l'arbitrage a pour but de soumettre à un principe régulateur l'accomplissement de ce fait commercial naturel, consistant dans la participation des producteurs, aux bénéfices les uns des autres, mais qui, par le mode habituel de sa réalisation, a tout le ca-

ractère de l'exploitation des uns par les autres, et toujours du faible par le fort.

Quand le détenteur d'une matière première
la vend à un travailleur, consentira-t-il à recevoir pour solde, en produits fabriqués avec
cette matière, une valeur nominalement égale
à l'objet de la vente? Évidemment non. Chaque vendeur ajoute au prix de l'objet qu'il
avait acheté une plus-value rémunératoire de
son travail, de laquelle il se prévaut sur une
partie de la plus-value qui résultera du travail
à exercer sur le produit par lui vendu à un
nouveau travailleur, de façon que, de cession
en cession, le produit fabriqué arrive finalement au consommateur-*rentier*, qui, en cette
qualité, acquitte, *en monnaie*, tous les man-
dats tirés successivement sur les produits
échelonnés sur le tableau général de la
production. Exemple :

Soit m, un produit dans le prix duquel est
compris le bénéfice afférent à son vendeur,
et p ce profit de m. A, premier vendeur du
capital, le reçoit donc sous l'évaluation
$m + p$, auquel ajoutant une seconde plus-
value p, il le cède à B avec une valeur m
$+ 2\,p$. B le fait valoir $m + 3\,p$, et le cède
pour cette valeur à C. C le cède à D pour la

valeur $m + 4\,p$, et D le cède enfin à un consommateur-*rentier* pour $m + 5\,p$.

Si l'on suit le mouvement graduel de m dans les mains de tous les producteurs A, B, C, D, on voit que toutes les plus-values ou profits ont été successivement avancées par eux, chacun à son cédant, et l'on conçoit que l'acquittement de chacune d'elles soit considéré comme tiré en total sur le consommateur, y compris le prix du capital primitif m. Ce consommateur n'ayant rien à percevoir en rémunération de travail, solde la valeur totale du produit qui lui est cédé pour sa consommation, c'est-à-dire $m + 5\,p$. Et quelle autre remise pourra-t-il faire pour opérer cet acquittement, que de la monnaie, la seule richesse en sa possession ; de la monnaie, *signe général de valeur* ? Cette valeur monétaire devra donc équivaloir $m + 5\,p$. Or, qui déterminera les conditions auxquelles cette équivalence sera reconnue.

Le dernier paiement est fait dans la valeur douée de la plus grande puissance circulatoire, celle qui est le *criterium* d'appréciation relative de toute valeur en circulation.

Maintenant, de quoi se compose $m + 5\,p$? D'abord, de m qui, sur le marché, jouissait déjà, à un haut degré, de la puissance circulatoire, comme étant utile à un très grand nombre de travailleurs? En devenant $m + p$, il perd une première quantité de cette valeur; en devenant $m + 2\,p$, une seconde quantité, et ainsi de suite, jusqu'à ce qu'il arrive au consommateur, sous une valeur marchande ou *nominale*, exprimée en nombre d'unités, soldant la dernière valeur $m + 5\,p$.

Supposons enfin que m, $m + p$, $m + 2\,p$, $m + 3\,p$, $m + 4\,p$ et $m + 5\,p$, soient successivement payés en titres spéciaux ou warrants de A, B, C, D, exprimant en unités monétaires les prix courants de m, de $m + p$, etc., sur leur marché; ces prix, déterminés en raison de l'affluence respective de leurs demandeurs, déclinent naturellement de degré en degré, à mesure que m, plus chargé de travail, est plus cher, et convient, en même temps, à un moindre nombre de preneurs, jusque, finalement, au consommateur-*rentier*. Dès lors, le second warrant sera moins demandé que le premier, le troisième moins que le deuxième, le quatrième que le troisième, et ainsi de suite, à mesure que chacun exprime un nombre de plus en plus grand d'unités monétaires, qui, toutes, doivent se résoudre en une somme unique $= m + 5\,p$, exprimée en *valeur* GÉNÉRALE, en monnaie. Si l'on fait l'addition des chiffres représentant sur tous ces warrants spéciaux la valeur marchande des spécialités m, $m + p$, etc., sur le marché, la somme en sera-t-elle pareille à celle qui exprimerait leur valeur circulatoire ou monétaire? Évidemment non ; elle ne pourra que l'excéder plus ou moins, la monnaie ayant pour attribut d'exprimer sous le moindre chiffre la plus grande somme de puissance circulatoire. Or, le volume du contenu ne peut rationnellement excéder la capacité du contenant. Pour s'assimiler à la monnaie destinée à les représenter, en valeur courante, les warrants subiront donc, relativement à elle, une dépréciaton indispensable à l'établissement de l'équilibre entre ces deux signes de valeur spéciale et générale.

Mais qui déterminera la mesure respective de cette réduction de la valeur *spéciale* pour qu'elle se traduise en valeur *générale ?* Cette mission est celle d'un arbitre, et qui pourrait être arbitre, autre que la banque monétisatrice de toutes les valeurs *spéciales*, leur monétisation ayant pour effet de les faire participer à la puissance de circulation que sa propre monnaie doit à un crédit fondé sur la seule *réelle* équivalence, entre les warrants et cette monnaie créée par elle, pour, au besoin, les représenter en puissance *circulatoire?* Quel autre, enfin, serait cet arbitre, si ce n'est la banque instituée par sa propre clientèle, et qui ne peut elle-même attendre satisfaction à ses propres intérêts que de la satisfaction de ceux de cette même clientèle, satisfaction qu'enfin elle ne peut réaliser qu'en maintenant, comme arbitre, le plus juste équilibre entre les prétentions particulières de ses clients? Arrivés à ce point, concevrons-nous possible que cet équilibre soit établi entre la valeur marchande énoncée sur les warrants et celle de leur monnaie représentative, si les warrants ne sont équitablement équilibrés entre eux; et cela peut-il avoir lieu s'ils ne sont préalablement équilibrés avec elle?

La nécessité tout à la fois et la rationnalité de la distinction de deux degrés et natures de la valeur attribuée aux warrants comme condition absolue de leur formule, distinction régulatrice de l'arbitrage incombant à la ban-

que, nous paraissent suffisamment démon-
trées. Le premier bienfait que les souscripteurs
de warrants recueilleront de cette distinction
conditionnelle de la monétisation de leurs
titres, consistera dans leur facile acceptation
en paiement de toute dette, puisque toute
valeur *en marchandise* s'y traduira en *valeur*
MONÉTAIRE, dès lors échangeable contre valeur *monétaire* en produits de *toutes* natures.
En un mot, les titres nouveaux rendront exactement le même service circulatoire que peut
rendre la monnaie légale, d'or et d'argent, ces
titres donnant surtout un droit DIRECT sur un
produit *déterminé*, soit que ce produit soit représenté directement par le warrant, ou
médiatement par la monnaie que la banque
s'engage à reprendre en échange contre tout
titre spécial ; et ce droit, fixé par l'application du principe du *change* RÉCIPROQUE des
valeurs, tient tout porteur de warrant, instruit de la quantité respective d'unités monétaires mentionnée sur les warrants (selon
la catégorie commerciale à laquelle ils appartiennent), par laquelle ils s'équivalent pendant une période *officielle* à la monnaie de
banque, connaissance qui les conduit à celle
du nombre de ces mêmes unités, condi-

tionnel de l'équivalence les uns à l'égard des autres. Ainsi, par exemple, un tailleur sait combien d'unités monétaires en ses produits paieront, *dans le mois courant,* un certain autre nombre d'unités monétaires, valeur marchande en drap, ou même en produits ou services appartenant à toutes autres catégories commerciales ; combien de ses vêtements paieront 1,000 fr. de drap, ou de chaussure, ou d'épicerie, etc. ; un tanneur, combien 10,000 fr., valeur en ses peaux, paieront, en remontant, d'unités monétaires, valeur en cuirs en poils, ou bien en descendant, d'unités, valeur en corroierie, et même plus bas encore en chaussure, et l'armateur saura de même combien 10,000 fr., valeur en cuirs secs, paieront , soit en néonomes, soit en francs, valeur en chaussures à expédier par lui, lesquelles, dès lors, payées en ce produit, remonteront rapidement au tanneur tout prêt à les acquérir ainsi, sous la condition du change à lui dû par le marchand ou fabricant de chaussures, et garanti par les termes mêmes de son warrant.

Quelle place le jeu de ce mécanisme laisse-t-il désormais au billet à ordre, promesse d'argent, et conséquemment à son es-

compte, et à toutes les tribulations auxquelles
ce système suranné a toujours donné, et
doit donner lieu toujours, et toujours dans
des circonstances de plus en plus aggra-
vantes ? Dans l'avenir, tel que nous le pres-
sentons, tous les producteurs ou commerçants
sont reliés par un intérêt qui est mutuel,
puisque, par l'application de la loi du change
de leurs valeurs les unes à l'égard des autres,
ils participent aux profits les uns des autres,
comme ci-devant sans doute, mais d'après un
procédé nouveau , procédé régulateur auquel
ils ne recourront qu'à la condition d'y trouver
leur avantage, procédé dont l'application les
constitue à l'état *d'assurés les uns par les autres* contre toute chance de perte, même commerciale, puisque les conditions de la commandite, qui les relie entre eux, leur assure,
en profits remontant des uns aux autres, la
rémunération préfixée du service consistant
dans la commandite elle-même, c'est-à-dire
dans l'avance du capital nécessaire au travail
productif de chacun d'eux.

Mais il serait puéril d'entrer dans le détail
minutieux des immenses avantages que promet cette transformation de la banque de
circulation, du point de vue de l'intérêt dés

commerçants considérés privativement. Développons-nous dans la considération d'un ordre bien plus élevé, celle de l'intérêt des populations tout entières, résumé lui-même dans l'intérêt du commerce INTERNATIONAL.

XVIII.

Par l'institution d'une véritable banque de *circulation* de toute richesse commerciale, par sa monétisation, et en lui assignant pour capital l'universalité de cette richesse, sans limitation assignée à la valeur monétisable, nous assurons à tous ses détenteurs la faculté de contribuer à l'extension de la puissance de cette banque, et de participer à ses profits aussi bien qu'à ses services ; nous leur offrons ainsi le moyen d'ajouter aux profits qu'ils peuvent réaliser par l'exercice de leur industrie privée, ceux que résumera la part qu'ils auront à prendre dans les profits de la collectivité, profits qui, peut-être, ne seront pas les moindres. Nous présentons, de plus, à tout possesseur de capital quelconque, privé de l'aptitude nécessaire à l'exploitation d'une industrie privée, dès lors incapable d'en tirer par lui-même tout le revenu que devrait lui produire ce capital, l'importante ressource de pouvoir participer aux profits du commerce collectif, sans même avoir préalablement à payer aucun tribut à l'agiotage, et cela en accroissant ces mêmes profits de tout ce que peut y ajouter l'exploitation de tout capital, objet d'un délaissement nouveau, plus ou moins longtemps prolongé, dans le portefeuille de la banque mutuelle. Nous relions ainsi d'une sorte de solidarité tous les intérêts du travail productif à ceux de la propriété, et, par l'utilisation du capital, quel qu'il soit et quel qu'en soit le détenteur, nous ouvrons la plus vaste caisse de secours mutuels et de retraite qui, jamais, puisse être offerte à l'épargne individuelle.

Mais ce n'est pas encore assez : les intérêts individuels, les intérêts de l'industrie, et ceux même de la propriété, reliés entre eux, resteraient encore, comme isolés, exposés à une division tendant plus ou moins imminemment à l'antagonisme, s'ils n'étaient unis en faisceau social par le lien de l'intérêt général de l'État.

Le premier intérêt de l'État consiste dans l'harmonie entre tous les éléments qui le constituent, c'est-à-dire entre tous les intérêts privés ou collectifs des citoyens qui le composent. Les ayant d'abord unis tous par une solidarité utile à leur satisfaction personnelle, nous avons accompli la condition de l'harmonie entre eux, jusqu'au plus haut degré qu'elle puisse atteindre ; mais ce n'est encore avoir rien fait tant que ces intérêts collectivisés (on me passera ce néologisme) ne se concilieront pas réellement avec cet intérêt général, celui de l'État. Pour que cette conciliation soit sincère, il faut que la satisfaction indispensable au salut de celui-ci soit la condition même de la satisfaction des intérêts privés. S'il en était autrement, la lutte qui s'en suivrait serait d'autant plus redoutable, pour l'un et l'autre intérêt, que leurs forces seraient plus grandes respectivement, et ce serait alors que le représentant des intérêts de l'État se croirait en droit, peut-être même, serait dans la nécessité d'appliquer la fameuse maxime : *Diviser pour régner*, ou plutôt pour triompher.

Mais nous avons collectivisé les intérêts

privés, et cela n'a pas été sans prévision de trouver dans ce premier résultat le gage d'une fusion complète entre eux et ceux de l'État. Et en effet, l'intérêt général ou plutôt les droits de l'État, c'est-à-dire des citoyens représentés par leur gouvernement, seraient méconnaissables et ne pourraient prévaloir, tant que les intérêts privés seraient en lutte entre eux. Les avoir harmonisés, c'est donc avoir fait le premier pas vers l'harmonie générale.

Cependant, une des plus puissantes causes de discordance entre le gouvernement d'un État et ses concitoyens pourrait subsister encore, prenant sa source dans la nécessité des sacrifices que chacun d'eux doit nécessairement faire d'une partie du droit personnel (lequel doit être le même pour tous) à la prospérité commune résumée dans celle de l'État. La loi de la justice distributive est la première à respecter dans la répartition de ces sacrifices, tant personnels que pécuniaires. Ces derniers sont les seuls dont ce travail nous donne occasion de traiter. Nous allons essayer de le faire dans une limite proportionnée à son étendue à lui-même, et nous espérons démontrer que, créer une banque monétisatrice de toute richesse échangeable, offrant à chacun un égal droit de participation à l'avantage de faire circuler fictivement sa propre richesse, tout à la fois, et aux profits rémunérateurs de ses services, c'est ouvrir la plus large voie à l'harmonie entre un peuple et son gouvernement. En effet, cette institution ne présente-t-elle pas à celui—ci un mode, rendu par elle d'une application facile et la moins dispendieuse, d'opérer, conformément aux prescriptions les plus rigoureuses et les plus équitables, la perception de l'impôt, que, pour le salut des gouvernements eux-mêmes, ils doivent s'efforcer de rendre proportionnel au revenu de chaque contribuable, à la condition, toutefois, que la liberté du travail, donnant à tout contribuable la faculté d'accroître son revenu selon sa capacité productive, le rende certainement zélé conservateur de l'ordre de choses qui favorise au plus haut degré un succès, cause lui-même d'un accroissement de la richesse imposable.

Ainsi, quand sera découvert le moyen de prélever cet impôt proportionnel aux facultés personnelles en une quotité suffisante au besoin des États, les gouvernements l'adopteront certainement à l'envi les uns des autres. Alors, l'impôt sera uniforme, ce que tous désirent, et une multitude de difficultés seront aplanies à la satisfaction de ce légitime vœu.

Mais comment concilier l'impôt sur le revenu avec l'impossibilité même dans laquelle sont aujourd'hui les gouvernements de connaître la quotité de la plupart des revenus personnels, tous plus ou moins appréciables et d'une source plus ou moins difficile à découvrir, et dont tout contribuable croit encore utile à son intérêt de dissimuler l'abondance? Et cette quotité fût-elle connue, comment échapper au vice radical du classement par catégorie? Eh bien! cette difficulté, elle-même, n'existe pas sous le régime de notre institution. Sans être astreinte à aucun classement de quotité, toute richesse, pour participer au bienfait de la circulation monétaire, conditionnelle de la réalisation du revenu rémunérateur du travail, subit nécessairement, et dans son propre intérêt, la formalité du visa de fixation du taux du change réciproque des warrants. Il est donc facile à la Banque d'imposer le revenu par une sorte de droit de monnayage sur la richesse qui vient s'inscrire sur ses livres, pour obtenir sa transformation en signes monétaires, *en sa valeur*. Bref, il ne s'agit donc pour cette banque que de frapper une contribution sur tous ces signes créés par chaque contribuable pour circuler sous sa garantie, tant ceux de sa clientèle, les warrants, que les siens propres, bénéficiaires et autres. De la sorte, l'impôt le plus facile à lever, le plus assuré de la sincère adhésion de l'intérêt privé lui-même, l'impôt réel sur le revenu, et le plus productif de tous les impôts, remplacera graduellement tous les autres à la satisfaction universelle, et le percepteur de cet impôt, percepteur unique, et que, dès lors, l'État aura pour seul comptable, et le comptable aussi le moins onéreux, sera la banque monétisatrice de toute richesse commerciale.

Veut-on évaluer approximativement le produit d'un tel impôt ? Ce n'est certainement pas exagérer que d'élever à 50 milliards le chiffre de cette monnaie représentative en papier, qui, successivement, créée et détruite, se renouvelant par la main des détenteurs ou producteurs de richesses commerciales, viendra journellement, de tous les

points d'un territoire national, requérir le
sceau de notre banque ; ce n'est pas trop surtout, si l'on confond dans ce nombre celui
de tous les titres bénéficiaires par lesquels
elle confère le droit de participation à ses
profits, imposables comme tout revenu ; or,
deux sont le vingt-cinquième de cinquante :
l'impôt, à raison de 4 0/0 frappé sur le capital
circulant, et venant conséquemment en réduction du revenu privé, produirait 2 milliards, et, notez-le bien, cet impôt suffisant à
suppléer tous les autres, amènerait graduellement leur suppression si désirable. Ajoutons
à ce calcul spéculatif la prévision d'un constant accroissement de la production, et, par
cet accroissement, l'avantage de pouvoir
ajouter, au bienfait de la suppression des impôts actuels, la possibilité d'accroître le revenu public sans surcharge pour le contribuable. L'amour des peuples n'est-il pas, dès lors,
à jamais acquis à leurs gouvernements par la
facilité, que lui apporte enfin notre institution,
d'acquitter la dette envers l'Etat tout en favorisant indéfiniment l'extension du bien-être
privé ? Douterait-on, un moment encore,
que cette institution d'une banque créatrice
de la monnaie, la meilleure, à tous égards,

ouvrît l'ère de la plus inaltérable et complète harmonie sociale ?

Puis, omettrons-nous de signaler ici cet immense avantage que trouveront les gouvernements dans l'adoption du nouveau système monétaire, en attendant la simplification proposée de leur système fiscal si compliqué, avantage qui leur sera commun avec les contribuables eux-mêmes. La monnaie étant représentative de toute valeur, les contributions actuelles se paieraient finalement en nature (1) étant payées en cette même monnaie, échangeable, par ou même sans la médiation de la banque, contre tout titre représentatif d'objets d'utilité *réelle*, dont l'acquisition est le but final de la levée de tout impôt public, propriété que n'ont pas, par elles-mêmes, ces pièces de métal, que le contribuable a tou-

---

(1) Et ne fut-ce pas là le rêve familier de l'immortel et généreux Vauban (*a*) ? Que n'avait-il à sa disposition les moyens de réalisation que nous trouvons aujourd'hui dans les mains des citoyens eux-mêmes ? La tentative d'application qui fut faite de son système aurait porté ses fruits, et, pour le bonheur des peuples, l'accomplissement du plus fervent de ses vœux eût clos sa glorieuse carrière.

(*a*) La dîme royale.

jours tant de peine à se procurer, qu'il ne peut même pas toujours se procurer en suffisance dans les temps de rareté de ses produits, et que, si souvent, dans les temps de leur surabondance, il ne se procure souvent encore qu'à la condition d'une dépréciation immense que préviendrait la faculté de leur monétisation par le crédit dont elle ferait jouir leur détenteur ?

Mais un gros volume serait à peine suffisant à l'énumération détaillée de tous les bienfaits dont la réalisation est assurée par cette faculté de la monétisation de toute richesse, par la médiation d'une banque générale de circulation. Ouvrons, bien plutôt, dans les considérations qui vont suivre, un nouveau champ à l'application du système monétaire, objet de ce travail, champ beaucoup plus vaste encore que celui dans lequel nous avons jusqu'ici resserré cette application.

XIX.

Nous avons signalé précédemment les principaux avantages que chaque peuple, en particulier, devait recueillir de l'adoption d'une monnaie de valeur certaine et *constante*, et conséquemment, autre qu'une monnaie-*marchandise*, et, dès lors, de valeur relative essentiellement variable. Mais nul peuple ne pouvant s'attribuer le privilége exclusif de la création ni de l'emploi de cette monnaie, il est facile de prévoir que les voisins du peuple initiateur s'empresseront à l'envi de le suivre dans cette voie de prospérité progressive. Or, quel sera le premier résultat de cette adoption, dont la généralisation sera commandée par la même loi de nécessité sociale dont la puissance a si rapidement, sous nos yeux, généralisé l'emploi de la vapeur à la locomotion, puis l'étincelle électrique à la communication instantanée de la pensée aux plus grandes distances ?

Tout peuple ayant bientôt sa banque monétisatrice, toutes les banques nationales deviennent naturellement des agences centralisatrices de toutes négociations internationales. A peine, alors, si les négociants auront lieu d'intervenir directement dans aucune transaction commerciale d'acheteur à vendeur. Toute nature de marchandise étant représentée par un signe de valeur mis en

circulation sous la garantie d'une banque
nationale, il suffira, pour obtenir la plus
prompte satisfaction, de recourir à l'intervention de telle ou telle de ces banques, jugée
la mieux pourvue ou la mieux située, pour se
procurer les warrants de la spécialité désirée.
Toute demande pourra même être adressée à
la banque dans le ressort de laquelle est le demandeur, celle-ci étant toujours, par suite
des relations existant nécessairement entre
toutes les banques nationales, la plus capable
de procurer la plus complète satisfaction à
toute demande, même avec désignation des
producteurs de l'objet demandé. Quant à la
réalisation des warrants obtenus par cette
voie, ce sera le soin afférent à de simples cor-
respondants tenant lieu de ces nombreux
commissionnaires dont les services, si onéreux encore, seront devenus inutiles.

Toute banque garantissant le warrant trans-
mis par elle, ainsi que tout titre émané
d'elle, le taux du change de ces divers titres
sera déterminé, pour chacun d'eux, par l'application du tarif dressé à cet effet par une
banque SUPRÊME. Ce taux sera mesuré en
raison de la circonspection que mettront
les diverses banques nationales dans la dispen-

sation de leur crédit, et de l'équité qu'elles apporteront dans la tarification des titres. Cette circonspection ayant pour objet l'appréciation personnelle, tant au point de vue de la loyauté qu'à celui de la solvabilité, donnera le *criterium* du droit de chacune d'elles aucrédit général. Ce droit sera manifesté par la position respective de leurs titres sur le tarif de cette banque centrale. La suprême attribution de cette dernière sera de généraliser et d'équilibrer le cours de ces titres entre eux, et avec les titres qu'elle-même émettra comme monnaie typique de la confédération commerciale, pour représenter, sur demande, dans la circulation générale, les monnaies émanées des banques nationales. L'existence de cette banque centrale sera, comme lien indispensable des banques nationales les unes avec les autres, la garantie certaine de la constante harmonie des rapports internationaux quant à l'intérêt commercial, désormais arbitre souverain entre la paix et la guerre de peuple à peuple.

Le billet de la banque centrale, titre doué au plus haut degré de la puissance circulatoire sur toute l'étendue du périmètre occupé par les peuples confédérés, et, à ce titre, mesure typique de celle de tous autres titres monétaires, ce billet sera lui-même le garant le plus certain de la conservation de cette heureuse harmonie, par la solidarité dont il offrira, entre leurs intérêts respectifs, le témoignage le plus irrécusable. Le billet de la banque centrale sera la monnaie de la confédération, et bientôt la monnaie européenne, nulle des nations de l'Europe ne pouvant longtemps hésiter à s'aggréger à cette confédération, en attendant les suivantes. En outre, la banque suprême sera le centre de toutes les relations internationales. A ce centre convergeront les demandes des principaux négociants établis chez les divers peuples de la confédération, et ces demandes lui parviendront, soit directement, soit par la médiation des banques nationales, qui, elles-mêmes, pourront toujours, pour la plus complète satisfaction de l'intérêt général, opter entre relations immédiates entre elles et les détenteurs des produits, et relations avec les banques en exercice chez les divers peuples, ou bien, enfin, relations directes avec la banque centrale, celle-ci étant constamment en rapport avec les banques nationales, comme

aussi avec les principaux négociants et producteurs de la confédération européene.

Et, qu'on veuille bien l'observer, tout ce
système ne sera pas un édifice érigé par l'é-
goïsme monopolisateur d'une ou de plusieurs
compagnies constituant un capital fixe, dans
la seule vue d'un placement lucratif de ce
capital. Le capital de toutes les banques de
la confédération, sans excepter celui de la
banque suprême, sera le produit de dépôts
faits en vue de l'écoulement des produits,
et conséquinment de la réalisation de bénéfices légitimement dus en rémunération
du travail productif. Quant à la prime bénéficiaire à laquelle pourront avoir droit les
déposants, elle proviendra des commissions
auxquelles leurs banques auront droit à raison des services rendus par elles, et l'on peut
prévoir que la perspective de cette prime sera
toujours assez engageante pour que le retrait
de la majeure partie des dépôts reste habituellement comme indéfiniment ajourné. Il en résultera que le capital disponible, c'est-à-dire
échangeable des banques, à commencer par
celui de la banque suprême, capital essentiellement variable, ne variera que pour grossir
graduellement en raison même du développe-

ment que la production aura pu acquérir par le bienfait de leur exercice. Du moins, le chiffre du portefeuille de ces établissements ne sera jamais borné aux quelques centaines de millions que les banques actuelles *encaissent* si péniblement, sans en pouvoir étendre la fatale exiguïté. Quant à celui de la banque centrale, il est évident qu'il se nombrera par milliards, et par milliards dont l'apport ne sera jamais le fruit des excitations de l'agiotage. En effet, quels de nos titres pourraient y donner lieu, tous étant délivrés par chaque banque, chacun pour sa valeur nominale, avec la seule addition de la prime à laquelle, dans la prévision des spéculateurs, auront droit les titres bénéficiaires ?

Quant aux résultats bienfaisants de l'appréciation personnelle, à laquelle, pour conférer à sa signature les avantages de la circulation monétaire, tout client d'une banque est, de son propre intérêt, obligé de se soumettre sous le rapport de la loyauté comme de la capacité, omettrons-nous de signaler celui, si important à la prospérité commerciale de toute nation, de relever graduellement le commerce dans l'estime publique jusqu'à ce haut degré, à l'occupation duquel son utilité sociale lui donne un droit incontestable, et tant au-dessous duquel, cependant, l'a fait déchoir cette sordide cupidité partout surexcitée par la nécessité de triompher de la rivalité au prix même de sa propre estime, et conséquemment de celle d'autrui, chacun appelant à sa défense la subtile distinction entre l'honneur commercial et celui revendiqué par toute autre profession.

Or, le premier résultat de l'arbitrage nécessaire de la banque, dont relève le client, sera de neutraliser les perfides instigations d'une ambitieuse rivalité, en faisant du crédit obtenu l'irréfragable témoignage de leur loyauté, et rendant ainsi le champ de l'industrie entièrement libre à la noble émulation, dont la propriété distinctive et bienfaisante est de concilier les aspirations du producteur au triomphe, à l'absolue condition du *mieux faire*.

La loyauté, présidant avec une autorité progressive aux transactions personnelles, s'étendra nécessairement jusqu'aux négociations internationales par l'intervention des banques, parmi lesquelles il ne pourrait s'en trouver aucune qui fût indifférente à être placée, à cet égard, au-dessous d'une autre, infériorité qui se révélerait assurément bientôt par la seule inspection du tarif de la banque suprême. D'où l'on voit que finalement toutes les nations, faisant partie de la confédération monétaire, occuperont le même degré sur l'échelle de l'estime des autres nations, comme, dans chacune d'elles, toutes signatures monétisées par leurs banques respectives auront un droit égal à l'estime générale, sans préjudice, toutefois, de l'influence qu'exerce dans tous les cas la nécessité du développement de la capacité productrice individuelle.

Enfin, dans l'attente, peut-être illusoire, de la monnaie universelle, du moins elle existera, cette monnaie européenne si vivement désirée des peuples, et dont les peuples n'obtiendront pas l'avènement, tant que leur commerce persistera à se traîner dans la vieille ornière que lui a creusée l'emploi exclusif de la monnaie-marchandise à laquelle ils n'ont qu'à substituer la monnaie, — *valeur* CIRCULATOIRE ; — fruit immédiat de la monétisation, c'est-à-dire de l'introduction de cet élément nouveau dans l'appréciation des produits : la considération de leur puissance *circulatoire* respective , sans préjudice du droit laissé aux métaux précieux de servir (comme tant d'autres marchandises pourraient également le faire) de commune mesure de la valeur des produits, mais valeur considérée du seul point de vue de l'utilité personnelle directe.

Et tous les peuples européens auront, enfin, une même commune mesure de valeur, une même unité monétaire, par quelque mot qu'ils l'expriment chacun dans son idiome propre. L'intronisation de cette unité sera le précurseur certain de l'unité de mesure pour les quantités de toutes natures. Ce dernier progrès réalisé, les embarras inextricables de la comptabilité comparée des peuples cesseront d'être cause d'un ralentissement toujours préjudiciable à l'accomplissement des négociations internationales, et, dès lors, d'atténuation de la généreuse influence que l'alliance, désormais indissoluble de la puissance du génie scientifique et de la force corporelle, a droit bien plus légitimement d'exercer en faveur de l'accélération progressive de leur développement.

Et quelle, en effet, sera la rapidité de ces négociations, dès que, pour réaliser le paiement, il suffira de transformer la marchandise, *prête à livrer*, en un titre circulatoire, rendu monnaie *véritable* par la faculté que la banque assure à son porteur de pouvoir l'échanger, contre toute autre, de valeur monétaire égale, en produits à livrer sur quelque point que ce soit de la confédération commerciale !

La puissance circulatoire d'un métal, dont la valeur relative, essentiellement variable, n'est jamais connue de ceux-là même qui la prennent pour type, peut-elle balancer celle d'une monnaie représentant réellement en valeur *marchande* le produit que l'on veut acquérir, avec indication du lieu, et même du magasin où elle attend la livraison ?

Le prix des choses, expression de leur valeur relative, varie sans doute toujours selon les lieux et les circonstances. Mais cette diversité parviendra à la connaissance des intéressés, par des mots portant à l'esprit les mêmes idées en quelque langue qu'elles soient exprimées ; et ces mots, tracés sur les pièces de monnaie mises en circulation sous la garantie solidairement échelonnée de toutes les banques jusqu'à la banque suprême, appréciatrice du droit au crédit, leur assureront accès à titre *égal* en toutes mains, quelle que soit leur primitive origine. Et qu'importe, en effet, cette origine à leur porteur, dès là qu'il sait pouvoir, *en tout lieu*, échanger cette monnaie contre toute autre, à son gré, et à des conditions préfixées et connues de lui ?

Nous démontrerons la justesse de cette observation par un exemple de l'application de notre principe de monétisation.

Supposons des warrants de diverses spécialités souscrits en Espagne, et revêtus conséquemment de l'aval de la banque ou agence centrale de Madrid. Plusieurs de ces warrants sont offerts à une maison française en échange de warrants de spécialités fabriquées en France, et portant conséquemment, avec l'aval de l'agence centrale de ce pays, la condition de change imposée par cette dernière à leur échange contre ses titres ou monnaies de France. Les deux négociants savent également les conditions du change entre les deux banques de Paris et de Madrid. Ils connaissent les rapports de valeur existant entre les titres circulatoires des divers pays. A l'aide d'un simple calcul ils peuvent donc traiter ensemble sans recourir à d'autres in-

formations, et cette connaissance statistique
du change étant également distribuée entre
tous les commerçants par le canal de leurs
banques respectives, il est évident qu'en tout
lieu, sans craindre de faire la moindre erreur, on négociera, contre tel titre que l'on
voudra, des titres spéciaux ou généraux, en
quelque partie de la confédération que les uns
et les autres aient été créés ; et l'on doit
même croire que cette négociation sera bien
plus facile que celle des monnaies de métal actuelles, ou même des lettres de change
qui la promettent, parce que ni les unes ni les
autres ne portent le témoignage de leur valeur relative les unes à l'égard des autres, ni
à l'égard d'aucune valeur typique, considération qui donne lieu de remarquer que la statistique du change, dont la connaissance est
des plus utiles aux commerçants, est cependant une des moins répandues parmi eux,
ignorance tout à l'avantage de la classe de
ceux qui s'y sont soustraits par une étude
spéciale.

Dans notre système, cette connaissance
n'exige aucune étude : tout titre monétaire
en porte la notion dans sa légende, et la banque est toujours là pour la compléter au be-

soin. Nulle dissidence ne peut même subsister sur la question des droits respectifs du change entre les États, puisque toute banque nationale est soumise sur ce point à l'autorité arbitrale de l'agence ou banque générale, comme toute agence provinciale l'est dans chaque pays à l'agence centrale de ce pays.

Conformément à ce système, nulle valeur échangeable n'est exclue du droit d'être monétisée, c'est-à-dire d'être mentionnée sur un warrant qui, par l'indication du change, s'assimile à la monnaie générale dont il est la base, puisque cette monnaie n'est créée que pour le représenter exactement dans la circulation. I. s'ensuit que la totalité de la monnaie courante doit s'élever à des sommes incalculables, mais constamment modifiées par des suppressions et renouvellements successifs, résultant des créations et réalisations de warrants, toujours suivies de créations et suppressions nouvelles.

Chiffrera-t-on alors la circulation à un infime nombre de milliards, quand toute partie de la valeur appartenant à un objet de commerce, marchandise, action, rente, etc., sera susceptible de circuler en monnaie à la faveur de la faculté d'échange que notre système de banque en assure à tous leurs possesseurs, sous la condition du change respectif entre eux et contre la monnaie générale ? Cette somme monétaire sera-t-elle désormais limitée par la valeur de l'une de ces marchandises exerçant le privilége de faciliter ou de restreindre le cercle des négociations commerciales selon la plus ou moins grande abondance qui en est mise à la disposition des échangistes ?

Non, l'on ne peut opposer longtemps à ce système monétaire le mérite de l'emploi exclusif de ces métaux, privés même de celui de conserver une valeur fixe relativement aux produits qu'ils doivent payer, ni même d'avoir, relativement à ces produits, une valeur égale dans tous les lieux où ils s'imposent encore comme unique instrument des échanges.

La valeur se mesure sur l'utilité. Or, quelle est la monnaie la plus utile, et conséquemment d'une plus grande valeur, de celle qui assure l'obtention immédiate de l'objet spécialement désiré, pour un chiffre de valeur déterminé, ou de celle qui ne promet rien par elle-même, et dont le possesseur ne peut même prévoir la valeur relative au moment de son futur emploi ? D'une monnaie qu'on n'accepte donc que par l'habitude de la voir, en dépit de l'ignorance de sa valeur relative, acceptée généralement dans l'échange, faute, sans doute, de l'offre d'une meilleure et d'un plus rationnel emploi ?

Il est évident que la foi aveugle fait tout le mérite du métal comme *monnaie*, et, nous le reconnaîtrons volontiers, cette foi est la condition absolue de la circulation de tout signe monétaire. Mais de deux monnaies qui seraient rivales (1), celle qui aurait, à la faveur de cette foi, le moindre droit, peut-elle se flatter, en dépit de sa fatale insuffisance, témoignée par tant de tentatives, vainement réitérées et de tant de façons, en vue de sa multiplication, toutes si chaleureusement acclamées par la classe commerciale, — peut-elle, disons-nous, se flatter de conserver à perpétuité, ni même longtemps

---

(1) Notre monnaie nouvelle n'est pas même rivale de l'autre, son office étant essentiellement différent ; l'une mesure, rappelons-le encore, la valeur au point de vue de la convenance *privée*, et l'autre, la valeur au point de vue de la convenance *générale*, et la monnaie nouvelle n'est en réalité que le *complément* d'un système monétaire auquel ce complément est devenu indispensable.

encore, un privilége plus que millenaire, si l'on veut, mais dont quelques siècles de développement successif du crédit ont, — il faut bien le reconnaître, — ébranlé la croyance elle-même à l'indispensable utilité de ce privilége, croyance seule en puissance d'en prolonger l'abus ?

L'emploi du métal dans l'échange, rappelons-le, c'est la perpétuation du troc : le crédit qui renvoie le troc aux peuplades non civilisées ne peut laisser sans monnaie *fiduciaire* les peuples parvenus au plus haut degré de civilisation; leur commerce en déplore aujourd'hui la privation chaque jour plus sensible. Si la confiance peut seule assurer un bon accueil au perfectionnement d'une partie quelconque du système économique des populations, et notamment à leur système financier, ne l'oublions pas, en tout temps, innovation et confiance naquirent de la privation et du besoin.

⎯⎯⎯◄●◙●►⎯⎯⎯

XX.

Enfin, il est facile de concevoir comment, par l'institution de la banque *monétisatrice de la* VALEUR, considérée sous le rapport de la puissance circulatoire, se trouvera graduellement résolu le problème de l'organisation de la productivité humaine. Il est évident que ce problème ne peut trouver sa solution définitive que dans la *commandite* UNIVERSELLE, c'est-à-dire dans une distribution du crédit, « réglée d'après le principe d'appréciation du degré relatif d'utilité de la création du produit. » Or, cette appréciation est et *ne peut être* que le fruit de notions *certaines* quant à la statistique des offres et demandes des divers produits du travail, tant sur les marchés spéciaux que sur le marché général, sur lequel affluent tous les renseignements désirables à cet égard, parce que, plus vaste est un marché, plus le mérite des notions à y puiser, — résultant de ces diverses notions balancées entre elles par la main la plus sûre, comme la plus exempte de l'influence, de la prévention et de la partialité, — plus, disons-nous, ce mérite a droit et puissance de régler la dispensation du crédit international.

Et ce crédit international peut-il, lui-même, s'asseoir sur une autre base que sur la balance des droits au crédit respectivement revendiqués par les diverses nations, comme ceux-ci s'appuient nécessairement sur le droit reconnu à des collectivités plus restreintes, et ce dernier, enfin, sur les droits personnels légitimement exercés, parce qu'ils ont été dûment justifiés?

Aussitôt que les banques locales de l'ordre le plus restreint seront, dans chaque pays, reliées entre elles du lien de leur solidarité avec la banque générale de ce pays, et dès que les banques générales de ces divers pays le seront également entre elles d'un lien semblable à la banque la plus générale, et conséquemment de l'ordre le plus élevé dans notre système hiérarchique d'organisation du crédit, alors à cette dernière se rattachant le dernier anneau de la commandite, la marche de l'industrie générale de tous les peuples, commercialement confédérés, sera dirigée conformément à l'intérêt de chacun d'eux par le crédit que cette banque répartira entre chacune des banques nationales, comme le font celles-ci à l'égard des banques provinciales, et ces dernières à l'égard de leurs clients.

Le crédit obtenu de toute banque nationale par chaque banque locale est réglé en raison de la sagesse que cette dernière apporte dans la dispensation de son crédit à ses clients.

De même, les crédits alloués aux banques nationales par la banque de l'ordre suprême se mesurera sur la sagesse et la circonspection respectivement apportées par elles dans la dispensation de leur crédit, sagesse et circonspection appréciées par un arbitre suprême ayant la haute mission d'appliquer la loi du change à leurs titres monétaires respectifs, pour les égaliser en puissance circulatoire entre eux et avec les siens propres, monnaie générale de la confédération.

Quel est, en effet, le régulateur normal de la répartition du crédit? Le besoin *connu* d'une production, notion la plus difficile à recueillir dans l'état d'anarchie dans laquelle aujourd'hui l'industrie humaine se débat en tout lieu, et surtout depuis l'intronisation de la liberté du travail, liberté précieuse et sacrée sans nul doute, mais également utile à *tous*, à la SEULE condition d'une direction unitaire, ordonnée dans l'intérêt de *tous*, seule capable aussi de les protéger *tous* contre le monopole du capital aggloméré, et surtout contre l'imminent danger d'une surexcitation à créer des produits sans préalable appréciation de la facilité de leur écoulement, facilité toujours subordonnée à l'abondance dans laquelle le numéraire métallique se présentera pour les payer après leur achèvement, et mettant par là, à époque fixe, la solvabilité du débiteur au niveau de ses engagements, ou la laissant au-dessous.

D'où vient cette surexcitation funeste? Examinons attentivement cette importante question, pendant qu'elle se présente à notre esprit.

L'achat des matières premières par le fabricant se fait le plus ordinairement à crédit et sous condition, bien entendu, de l'acquittement en espèces métalliques. Le détenteur de cette sorte de capital est, dès lors, le souverain dispensateur d'un crédit dont la réalisation consiste dans l'avance, en cette monnaie, monnaie *marchandise*, à restituer dans la même nature, à terme fixe, avec prime rémunératoire du service, sous dénomination d'escompte ou d'intérêt.

Or, cette monnaie est indispensable, aujourd'hui, à la transmission des capitaux d'une autre nature que la sienne : elle rapporte, par sa location, un revenu à son détenteur. Celui-ci est donc le premier intéressé à son emploi, et, conséquemment, le plus ardent instigateur au travail industriel, et de là, la surexcitation à produire des marchandises dont l'échange, espéré par leur producteur, pourra seul lui procurer, en temps utile, ces écus, objet d'une dette contractée pour l'accomplissement d'un travail antérieur.

Le crédit, institué de la sorte, est donc comparable à un courant se creusant un lit de jour en jour plus profond, et minant des rives qui, s'écroulant enfin, engloutissent les téméraires qui ont placé sur ses ondes l'avenir de leur fortune, ou seulement la destinée d'une existence à prolonger. Et qui précipite cette péripétie ? Le capitaliste, qui, au seul présage d'un sinistre, se détermine à sauver ses chers écus par le retrait d'un crédit devenu plus que jamais nécessaire à la prolongation de la solvabilité du débiteur, ainsi qu'il serait utile même à l'accroissement de cette solvabilité, si tout acquittement d'une valeur stipulée pouvait s'effectuer par la remise de cette même valeur en une nature quelconque exprimée sur des warrants monétisés, c'est-à-dire égalisés avec la monnaie, en puissance circulatoire, corroborée par la certitude de leur échange facultatif dans les bureaux de la banque, pour leur valeur reconnue, soit contre d'autres warrants, soit contre sa monnaie générale.

Mais il n'en est pas encore ainsi. C'est le métal indispensable, dont le crédité attend en vain le son vivifiant. Avec le terme fatal de l'échéance, au lieu de ce son attendu avec tant d'anxiété, sur la tête de l'infortuné se fait entendre le glas funèbre d'une liquidation forcée, liquidation dont la crise, d'abord plus ou moins restreinte, se généralise cependant graduellement, puis éclate enfin, dans toute sa violence, sur tout débiteur, lorsque le crédit croit le moment venu de suspendre, par une retraite prudente, cette surexcitation à produire, exercée pour l'accroissement ou l'alimentation du revenu du détenteur des écus, et pour la fréquente ruine du producteur trop confiant dans l'efficacité d'une faculté productrice, dont la réelle utilité, pour lui, n'est qu'un dangereux mirage, dès que les écus se refusent à justifier sa décevante et trop flatteuse apparition.

Eh bien ! que la monnaie exprime *en puissance circulatoire* la valeur des produits estimés sur le warrant en valeur de *conve-*

nance personnelle ; que cette monnaie émane
d'une mutualité distributrice d'un crédit ouvert à toute solvabilité, d'un crédit à justifier
par l'acquittement loyal, en *toutes* natures de
valeur ayant accès sur le marché, en toutes
natures, comme ont été les avances par lesquelles ce crédit a été réalisé ; que cette monnaie, enfin, soit considérée, dans chaque
pièce, comme une traite d'un mutualiste sur
un autre mutualiste, et acceptée par ce dernier ; de ce moment, la surexcitation au travail productif n'est plus possible, parce que
la mutualité est créatrice elle-même des produits dont la vraie valeur, constituant sa
propre richesse, se règle dès lors exclusivement sur la réalité de besoins à la satisfaction
desquels suffit sciemment l'exécution de la
commande. Alors, évidemment, l'influence
de l'intérêt d'aucune classe de capitalistes n'a
plus à préjudicier à l'intérêt des autres classes, tous les capitaux se résumant en un
seul : la VALEUR des produits, égalisée entre
chacun d'eux par le change réciproque, et,
dès lors, valeur considérée du point de vue
de la puissance circulatoire reconnue à ces
produits respectivement.

En effet, ne sont-ils pas tous commanditaires et commandités les uns à l'égard des autres; à l'effet de créer ces mêmes richesses commerciales dont la répartition entre eux-mêmes forme leur richesse respective; et leur organisation, les constituant dispensateurs du crédit indispensable à cette production, ne les met-elle pas dans la seule position à laquelle puisse luire jusqu'à leurs yeux un présage assuré de l'avenir statistique du rapport entre offres et demandes de leurs produits, tous nécessaires, soit à la consommation, soit à l'accomplissement du grand travail industriel ?

Alors aussi, sans doute, plus de ces spéculations hasardeuses, produisant, avec l'aide de l'accaparement, ou la ruine de leur auteur, ou son enrichissement par un abus scandaleux de la liberté commerciale, le plus souvent favorisé par l'astuce personnelle, ou la trop facile coalition, contre lesquelles le commerçant ne trouve, dans son isolement actuel, aucun préservatif! Le préservatif de l'avenir s'offre à tous, sans exception, dans les conditions d'admission au crédit de la banque; et ce crédit, comme nous l'avons fait observer, ne se borne plus dans l'avance de quelques sacs d'écus, mais dans

celle de *tout* capital ou richesse susceptible de produire un revenu, par l'habileté
de l'homme laborieux.

Or, ce sont tous ces mêmes capitaux que
l'universalité de leurs possesseurs apporte à
la banque, pour y être monétisés, en se sou-
mettant à la loi d'un change réciproque déterminé, comme il a déjà été surabondamment expliqué, en raison de leur puissance
circulatoire, mesurée constamment, ne l'oublions pas, à l'aide de la connaissance acquise de la statistique du rapport de l'offre à
la demande des titres qui les représentent
spécialement, en valeur, dans la circulation
ou dans les portefeuilles des banques; dès
lors, la banque centrale ne peut jamais igno-
rer la statistique commerciale de la production d'aucune spécialité, et l'intérêt de toutes
les banques est de se communiquer les unes
aux autres, soit en montant hiérarchique-
ment, soit en descendant, les notions qu'elles
acquièrent journellement à cet égard, puisque c'est sur ces notions qu'elles mesurent
le crédit dont elles s'appuient les unes les
autres. Et comme, en outre, l'intérêt des
banques est intimement connexe à celui de
leur clientèle respective, il en résulte que tout

le commerce des peuples confédérés se résume en un *commerce général*, dont les commandes se distribuent journellement entre eux, selon la nature de leurs productions respectives. En effet, les demandes des produits généralement utiles à toute la confédération, soit pour sa consommation immédiate, ou même pour exportation, seront adressées, le plus ordinairement, à la banque centrale, et celle-ci satisfera à toute demande, soit par remise de warrants spéciaux des autres pays, ou bien, et sans doute le plus fréquemment, par remise de titres généraux des diverses banques des pays en puissance de satisfaire à cette demande. A mesure que l'utilité des produits se resserrera dans des limites plus étroites, moins élevées dans le système général seront les banques auxquelles se feront les demandes. Dès lors, un très grand nombre de ces demandes seront adressées à des banques privées, ou même à des banquiers, tels que ceux sans la médiation desquels les banques actuelles de circulation ne pourraient remplir leurs fonctions, quelques restrictions qu'apporte à cet accomplissement l'exiguité d'un capital borné à une seule sorte de valeur échangeable.

Un fait d'une haute importance résultera nécessairement encore de cette organisation systématique du crédit : c'est la suppression graduelle de tout encombrement de marchandise. La première condition de l'allocation du crédit aura cette suppression pour effet naturel, cette condition étant celle de l'appréciation administrative d'un besoin faisant appel au produit, à la création duquel ce crédit *doit être appliqué*, sans préjudice, toutefois, de l'entière faculté laissée à tout industriel d'exercer sa capacité à l'aide de ses propres moyens et à ses risques et périls. Mais, l'on ne peut guère en douter, le nombre de ces entrepreneurs aventureux sera très borné. Deux causes en préviendront l'extension : d'abord la crainte d'un insuccès à la réparation duquel le crédit collectif, indispensable, ferait cependant défaut; puis, dans le cas de recours au crédit individuel, la difficulté d'en obtenir la réalisation, privé qu'en serait le solliciteur, de l'appui de la mutualité, et, de plus, cette réalisation, restant fatalement entravée par l'habituelle insuffisance de l'espèce métallique, dernière et seule ressource laissée au solliciteur indépendant.

Un autre grand bienfait de la faculté de monétiser *toute richesse aspirant à sa transmission*, c'est de rendre, en général, tout accaparement impossible, cet accaparement ne pouvant plus s'exercer, en premier ressort, sur la monnaie, agent, aujourd'hui, le plus actif de tout accaparement. Cette impossibilité sera due évidemment à une essence monétaire dont la nature permettra, prescrira même, que sa multiplication soit constamment mesurée sur le besoin particulier.

Quel est encore, en ce jour, le grand levier de l'accaparement de toute spécialité commerciale? C'est la facilité de l'accaparement de l'argent nécessaire à la perpétration coupable de tous les autres accaparements, facilité due à sa rareté relative, fatalement constante, jointe au privilége qu'il exerce de *tout* acheter en payant *tout*.

De ce privilége irrationnel il résulte qu'il lui suffit, pour pouvoir étendre le bienfait de ses faveurs, jusqu'aux accaparements les plus déplorables, de se faire payer un prix que ne refusera pas l'habile appréciateur de la valeur obtenue par cet agent d'accaparement tombé dans ses mains.

Eh bien, l'accaparement d'une monnaie, dont le mérite principal consiste dans la possibilité de sa réalisation immédiate en spécialités nécessaires à ses porteurs, cet accaparement préalable est d'une prévision toute chimérique, et, dès lors, sont prévenues toutes les conséquences redoutables d'un tel méfait.

En effet, la première condition de l'accaparement de la monnaie générale, purement représentative, n'est-elle pas d'en remettre la contre-valeur en spécialités commerciales quelconques, de raréfier, et conséquemment de renchérir, aux dépens de l'accapareur, sur leur marché, ces spécialités étrangères à sa spéculation ? La prévision d'un accaparement de notre monnaie *générale*, reste donc toute irrationnelle et ne laisse carrière ouverte qu'à l'accaparement du titre spécial, accaparement difficile, d'ailleurs, et sans gravité dangereuse.

Favorisé de son privilége, le métal fait échapper son accapareur à ce danger. Appliqué sur un point, l'argent fait fatalement défaut sur tout autre. Retirez, dans un moment donné, cinquante millions de la circulation générale, pour les appliquer à l'accaparement d'une denrée, des céréales ou des cuirs, selon l'occurrence, par quelle voie sera-t-il suppléé à ce capital, pour remplir le vide que cet accaparement aura causé dans les caisses où le puise le commerce général?

Prémuni contre ce danger, l'accapareur laisse s'élever successivement le prix de la marchandise, en raison du surhaussement de celui de l'argent, puis, la reportant sur le marché, quand il en croit arrivé le moment le plus opportun, il fait sa *razia* de profits, laissant la chance des pertes à ceux qui l'auront suivi de plus ou moins loin, c'est-à-dire plus ou moins intempestivement dans cette voie périlleuse.

Tout accaparement est en lui-même un fait déplorable, ne fût-ce que par le désordre qu'il apporte sur le marché. L'accaparement a pour principal complice le privilége monétaire du métal; l'abolition de ce privilége dépend de la volonté de ceux-là même qu'elle intéresse; ainsi, nous n'en devons douter, ils l'aboliront.

Mais l'accaparement porte en soi sa double cause de perturbation : la surabondance succédant trop fréquemment à la disette. La surabondance cesserait, sans doute, bientôt, de se manifester à l'égard des produits, si leur apport sur le marché était déterminé par une direction éclairée; mais la surabondance elle-même menacera constamment le marché à l'égal de la disette, tant que la production restera privée de cette tutélaire direction, et, de là, la constante oscillation entre la surabondance et la disette, oscillation utile aux seuls spéculateurs sur le prix relatif des choses, intéressés, même, qu'ils sont, à la prolongation d'un désordre qui perpétue cette oscillation devenue, à leur singulier profit, la maladie chronique de nos sociétés commerciales actuelles, tout anormal que soit cet état.

Eh bien! contre les éventualités d'un tel mal, se présente encore, en digue, dans l'avenir, l'organisation du crédit monétaire appliqué à toute richesse échangeable par signe représentatif de valeur. Le prix courant *moyen* peut, avec son secours, être sagement appliqué, pour un temps déterminé, à toute marchandise exposée, jusqu'à ce jour, aux vicissitudes aléatoires les plus imminentes. Survienne une surabondance inattendue, le prix du produit qui en est l'objet ne baissera plus au-dessous de ce terme moyen.

La réalisation de ce fait est facile à prévoir, puisqu'il dépendra de tout détenteur d'obtenir ce prix moyen en une monnaie, qui, sous la garantie de la banque, lui servira à satisfaire tous les besoins pécuniaires de tous ses porteurs successifs, jusqu'à ce qu'enfin elle arrive à celui dont le besoin est celui du produit représenté par elle. Cette monnaie, essentiellement spéciale, pourra même être l'objet de quelque sage spéculation fondée sur la probabilité d'un accroissement plus ou moins prochain du prix promis par elle; et cette spéculation légitime, facilitée par la nature du signe monétaire sur lequel elle s'exerce, signe dont l'émission sera toujours soumise à l'appréciation que fera la banque de l'utilité de cette émission, cette spéculation, disons-nous, sera une autre cause du maintien du prix de la denrée à son niveau normal.

Et le danger du renchérissement excessif du produit raréfié, résultat ordinaire de toute disette imprévue, reste à jamais conjuré; comme celui de l'avilissement de son prix l'est également par une sage dispensation du crédit *monétaire*, c'est-à-dire de la faculté de la monétisation exercée par tout détenteur sous la garantie éclairée de la banque, dispen-

-sation, gage assuré de la mise en réserve d'une partie de la denrée surabondante, pour être ultérieurement distribuée de manière à prémunir contre les maux qu'entraînerait après elle une disette devenue complète, si cette réserve n'y avait préalablement pourvu.

Ainsi, par l'exercice de la faculté de chacun de convertir son produit en monnaie par voie représentative de sa valeur, seront prévenus les graves inconvénients de toute vraie disette, comme aussi d'une surabondance, deux excès réagissant fatalement l'un sur l'autre au grand préjudice de la classe la plus nombreuse, celle aussi la moins favorisée de la fortune, et dès lors la plus sensible aux souffrances que cause à tous un désordre, encore aggravé si fréquemment par de trop cupides spéculations.

XXI.

Récapitulons et concluons.

L'impuissance naturelle de la monnaie, à *valeur marchande*, de satisfaire au besoin des échanges, besoin dont le développement suit celui de la production, cette impuissance est surabondamment démontrée. Il l'est également, ainsi que prouvé par le fait lui-même, qu'aucune complète satisfaction de ce besoin ne peut être obtenue que de la circulation fictive des produits, c'est-à-dire de leur circulation sous emblème monétaire de leur valeur respective, circulation fictive dont le fait ne sera autre chose que la conséquence pratique du célèbre théorème énoncé par Turgot en ces termes aussi vrais qu'ils sont simples : Toute marchandise est MONNAIE.

Que l'on ne croie pas, cependant, que l'impuissance reprochée aux métaux précieux soit due à la spécialité de leur nature. C'est peut-être même à cette spécialité qu'ils ont dû et doivent encore la faveur dont ils jouissent sous forme monétaire. Cette impuissance est due, — comme celle qui serait également reprochée à tout autre objet vénal, — est due, disons-nous, à ce que, dans tout objet de cette nature, on ne peut distinguer l'une de l'autre les deux propriétés, dont il faut cependant reconnaître en lui l'existence, si on le croit susceptible d'être, par lui-même, *monnaie*; nous voulons dire : mesure de valeur générale et mesure de valeur privée; celle-ci considérée au point de vue de l'utilité personnelle, l'autre au point de vue, bien plus large, d'une égale utilité à tous les échangistes, propriété essentielle à la *vraie* monnaie.

Quant au service, consistant à mesurer la valeur des marchandises eu égard à leur utilité *privée*, l'adoption de l'une d'elles était indispensable, et nous osons croire que celle des métaux précieux est irréprochable. Mais, ce qui ne nous paraît pas l'être, c'est le cumul consistant à mesurer la valeur sous les deux points de vue, celui de l'utilité privée et celui de l'utilité générale ou monétaire : la première, essentiellement restreinte dans les plus étroites limites, et l'autre, au contraire, essentiellement destinée à s'étendre avec le développement progressif des institutions sociales, et, conséquemment, à excéder indéfiniment les bornes étroites du pouvoir représentatif d'une marchandise, dont l'abondance et la valeur relative sur le marché ne pouvant grandir parallèlement entre elles, l'étroitesse de son utilité monétaire ne peut avoir d'autre résultat que d'entraver constamment le développement de la production, et de l'arrêter même à ces époques critiques où force est enfin venue de régler leurs comptes à

cette marchandise-monnaie et au crédit, promoteur le plus ardent du travail productif de
la richesse sociale.

A cette occasion, nous n'omettrons pas de
signaler jusqu'où peut aller l'esprit humain
dans ses aberrations, lorsque sa marche n'est
éclairée que par d'incomplètes lumières. Une
doctrine n'a-t-elle pas osé se produire parmi
certains promoteurs de l'échange direct en
vue d'une destitution radicale du numéraire
métallique, et se formuler par un anathème
absolu contre le crédit ! Plus de crédit !

Dès lors, le TROC des sauvages à introduire
dans la civilisation actuelle !! Et cela faute
seulement de la reconnaissance de la dualité
de valeur inhérente à toute marchandise, et,
conséquemment, de l'impuissance des adeptes
de cette doctrine du désespoir, de trouver
dans aucune marchandise l'origine de cette
propriété monétaire, que le judicieux Turgot
s'était cependant empressé de révéler à la postérité. Le système monétaire actuel fonctionne
mal, ont-ils dit aussi ; abolissons le système
actuel !

Et d'où provient un tel excès ? de l'ignorance, dans laquelle ils ont persisté, de l'existence en *toute* marchandise, de la propriété

circulatoire à dégager de celle d'être acceptable en une quantité déterminée pour commune mesure de la valeur de toute autre marchandise, valeur primitive à distinguer de la valeur circulatoire ou monétaire par l'épithète de *matérielle*, afférente à la primitive.

Or, c'est à la révélation de la propriété monétaire, la plus féconde de ces deux propriétés, que sera dû, nous sommes loin de dire, l'abolition du système monétaire en vigueur, mais son perfectionnement, par l'addition *indispensable*, enfin, du complément qui lui manque, consistant dans une nouvelle unité monétaire, commune mesure de la valeur, considérée au point de vue d'une égale utilité à TOUS. A son avénement sera due encore, comme à lui seul aussi peut être due, l'appropriation au commerce, de titres exclusivement monétaires, d'une monnaie toute fiduciaire, et d'autant plus digne de cette qualification, que, créée par lui et sous sa propre garantie, essentiellement *mutuelle*, et, dès lors, irrécusable, l'abondance de cette nouvelle monnaie, nécessairement dénuée de toute valeur matérielle, sera susceptible d'être constamment maintenue par ses auteurs au niveau du besoin qu'ils en éprouveront eux-mêmes, sans se préoccuper de la sorte de la marchandise monétisée, pourvu qu'elle remplisse son office exclusif, d'accélérer les échanges.

Indifférent que nous devons rester nous-même aux débats qui peuvent s'élever entre les diverses marchandises à l'occasion de leurs prétentions éventuelles au droit à monétisation, nous laisserons, sans conteste, aux métaux précieux, le plein exercice de l'office qui leur est accordé, par privilége, de mesurer la valeur d'utilité *matérielle* ; mais reconnaissant qu'il est de la nature même de la marchandise d'être, dans ses diverses spécialités, douée d'une puissance circulatoire très inégale pour chaque spécialité, nous avons facilement reconnu la nécessité d'assujettir la valeur afférente à ce point de vue, de l'assujettir pour chaque produit représenté en monnaie, à un mesurage auquel nous avons affecté une unité de la valeur totale des produits appréciés à ce même point de vue. Ayant dénommé cette unité *néonome*, nous disons : Le néonome, unité de la valeur circulatoire, est le numérateur d'une fraction ayant pour dénominateur la somme totale et JUSTIFIÉE des valeurs semblables en circulation, c'est-à-dire des titres représentant, *en valeur*, des produits à livrer sur estimation comme *matière* vénale, et proposés à la circulation commerciale comme monnaie, sous condition de leur évaluation à eux-mêmes, en néonomes. Ainsi, comblant une lacune désormais inconciliable avec le développement incessant de la production, nous obtenons la monnaie GÉNÉRALE rendue indispensable à cette facilitation des échanges, rendue elle-même de jour en jour plus urgente par le développement incessant de la production.

L'unité monétaire *matérielle*, en France. le FRANC, continuera donc de mesurer sur le marché, *qui lui est propre*, la valeur *vénale* de toute marchandise; mais, toute marchandise aspirant au bénéfice de la circulation monétaire, sera, dans le titre spécial qui lui est affecté, évaluée quant à la quantité de puissance circulatoire qui lui sera reconnue, et l'expression de cette évaluation, exprimée en NÉONOMES, figurera en regard avec celle préalablement marquée en *francs*. Le rapport numérique entre le franc et le néonome sera périodiquement déterminé par le tarif du change des valeurs. Par l'applica-

tion de ce même tarif, se fera l'appréciation
relative de tous les titres spéciaux entre eux,
représentés ou non dans la circulation par
des titres monétaires généraux, que créera
l'administration monétisatrice pour la plus
grande satisfaction des besoins commerciaux,
et la valeur totale exprimée en *néonomes* sur
ces titres généraux sera constamment égale à
celle de même nature attribuée aux titres
spéciaux représentés par les autres titres.

Et, comme le signe de valeur *monétaire* n'est
tel qu'à la condition de concilier tous les intérêts privés à la satisfaction desquels pourrait sembler plus ou moins contraire la condition indispensable de l'appréciation de
chaque titre au nouveau point de vue, cette
appréciation nécessitant le recours à l'arbitrage, cet arbitrage sera celui d'une autorité
désintéressée, et dès lors certainement impar-
tiale, et guidée par la seule loi de l'équité. Pour
qu'il en soit ainsi, tous les intérêts, socialisés
en vue de la monétisation de *la valeur*, monétisation si nécessaire à tous, apprécieront ses
actes. Dès lors, ces mêmes actes seront assurés de la sanction de commettants, qui, s'ils
n'ont institué l'autorité dont ils sont émanés,
témoigneront du moins suffisamment la per-

sistance de leur adhésion à ses décisions par la persistance de leur recours à ses services, suffrage tacite à la perte duquel l'autorité, qui lui doit toute sa puissance, ne s'exposera certainement pas par la moindre déviation de la ligne qui lui est tracée, peut-être même sur sa propre initiative, en vue de l'obtention de cet important suffrage.

Et cette autorité devant *nécessairement* être soumise à celle de l'État, arbitre général entre les intérêts de tous les citoyens, l'autorité centralisatrice de tous les intérêts commerciaux, résumée dans la monétisation de toute richesse commerciale, sera UNE dans chaque État, et, pour embrasser dans sa protection tutélaire les intérêts de tous les membres de la société, elle étendra, sur toute l'étendue du pays auquel elle appartiendra, les rameaux de son exercice administratif, le divisant et le subdivisant de façon que nul point de ce pays ne reste privé du bienfait de son institution.

Puis enfin, quand il aura plu à un nombre quelconque de populations, distinguées par des législations différentes, de suivre l'exemple donné par l'une d'elles, il suffira qu'elles se forment en congrès pour accomplir entre elles toutes une union désormais rendue indissoluble par la force de cohésion de leurs intérêts généralisés et collectivisés. Et LA monnaie générale de leur union, existant enfin, le commerce, antérieurement restreint dans le cercle étroit des relations personnelles, devenu commerce de cité à cité, puis, par la puissance concentrative d'une banque monétisatrice de toute valeur échangeable, grandi bientôt à la dimension du commerce international, l'union des peuples, enfin, est formée autour de *leur* banque centrale, et cette union, grandissant par l'application, chaque jour, plus étendue du seul système de monétisation capable de relier du lien d'une solidarité mutuelle tous les intérêts commerciaux, et de leur procurer toute la satisfaction compatible avec leur diversité, cette union, cimentée par cette même satisfaction, dictera sa loi au monde entier pour le plus grand développement du bien-être social et privé.

Maintenant, que sera, dans chaque pays, l'institution dont l'arbitrage devra concilier tous les intérêts par la monétisation de toutes les sortes de richesses commerciales, et la facilitation de leur échange réciproque? Que sera cette institution, sinon une banque de monétisation et d'échange de toutes ces mêmes marchandises, aspirant à circuler sous l'emblème le plus propre à rendre leur transmission la plus prompte possible, l'emblème MONÉTAIRE?

Parvenus à ce point de vue, comment concevoir qu'à l'office d'une telle institution puisse suffire l'infime puissance d'une collection, numériquement limitée, d'individus associés dans le but mesquin de satisfaire des ambitions personnelles plus ou moins cupides, au triomphe desquelles, à défaut de l'utile privilége, il y serait du moins suppléé par le monopole auquel tendent nécessairement les efforts de toute association privée.

De telles attributions appartiennent et ne peuvent appartenir qu'à une mutualité dont le cercle s'élargisse successivement pour recevoir tout intéressé à s'y aggréger, sauf à se resserrer derrière celui qui fera retraite, sans, toutefois, renoncer à l'avantage de participer à ses services.

Il est même évident que si quelques entrepreneurs de monétisation, individuellement ou collectivement, s'aventuraient sur ce terrain sans union préalable entre eux ou bien entre leurs divers groupes, plusieurs s'uniraient bientôt autour du plus accrédité pour s'étayer de son crédit ; il est également aisé de prévoir que, finalement, ils échangeraient leur indépendance primitive contre un patronage seul en puissance d'élargir leur part au crédit public, et l'extension graduelle de ce crédit en faveur de notre institution, n'est-elle pas elle-même le fruit de cette concentration tendant à l'*unitéisme*, condition absolue du salut de toute individualité elle-même ?

Et qui pourrait d'ailleurs empêcher l'établissement, appuyé de l'assentiment tacite d'une immense clientèle, de tarifier et garantir, en un mot de monétiser, sur demande de leurs porteurs et sur l'initiative de *sa propre appréciation*, les titres monétaires lancés dans la circulation par les établissements privés, mais n'y pouvant jouir que d'une puissance circulatoire très inférieure à ceux de l'établissement général, d'une puissance dès lors considérée comme insuffisante à un grand nombre de leurs porteurs? Un tel fait n'est-il pas le coup de grâce porté à l'absolutisme de l'indépendance de quelque reste de ces établissements primitifs, forcés tous, enfin, de reconnaître une suzeraineté, seule en puissance de leur assurer la conservation d'une existence qui, pour être secondaire, n'en a pas moins une valeur réelle dans l'esprit de leurs agrégés eux-mêmes, ne fût-ce que comme trait d'union entre eux et l'établissement général ?

Enfin, l'autorité de cet établissement, parvenu au plus haut degré de développement, deux solutions arbitraires ne pourront plus, en dehors de lui, soutenir le conflit, sans, du moins, admettre l'intervention d'une décision arbitrale, et quelle autre pourrait-ce être que celle de ce même établissement ? Celui-ci, dès lors, est-il, en dernière analyse, autre chose que le centre de convergence et d'expansion de toutes les forces commerciales privées, mais tendant toutes elles-mêmes vers l'unitéisme, dont elles ne s'approchent, — si toutefois elles ne s'y confondent, — que pour s'assurer un succès personnel, objet principal de leur aspiration, et que, dans leur propre opinion, compromettrait un état persistant d'indépendance absolue. C'est donc dans cette vue même qu'ils se forment, sans se concerter, entre eux, en société *mutuelle*, sous les seuls auspices de la médiation socialisatrice de l'agence sans l'initiative de laquelle la mutualité commerciale ne serait même pas née.

Maintenant, à quels signes les commerçants mutualisés se distingueront-ils de ceux, habituellement peut-être les plus nombreux, qui resteront en dehors du cercle de la mutualité, quoique ce cercle soit toujours prêt à les recevoir tous , sauf exclusions personnelles et, dès lors, tout exceptionnelles ?

Ce signe distinctif se trouvera dans la manifestation même de cet état d'indépendance que caractérisent suffisamment l'exemption des devoirs et la privation des droits attachés à cette solidarité, dont le lien protecteur tient tous les autres reliés en un seul faisceau pour la sauvegarde de leurs propres intérêts *bien calculés*. Ainsi, d'un côté, indépendance complète les uns des autres, mais aussi, impuissance d'écarter les imminents périls attachés à l'isolement, et que, seul, peut neutraliser le mutualisme, par cette solidarité dont le léger fardeau est bien plus que balancé par la sécurité personnelle , avantage auquel vient encore se joindre le droit de tout mutualiste, de participer, en vertu de titres formels, aux profits rémunératoires des services rendus au nom de la société mutuelle, rémunération acquittable en définitive par les seuls commerçants isolés, restés volontairement exclus de ce droit de participation.

Le voilà donc ce signe distinctif demandé, signe *néfaste* dont chacun pourtant peut effacer de son front le fatal stigmate par la simple acquisition d'un titre bénéficiaire de l'agence monétisatrice, ou seulement même par l'obtention de la garantie *mutuelle* par lui demandée en faveur de sa signature.

Et que devient l'étendue des services rendus aujourd'hui par nos banques dites *de circulation*, comparée à celle des services que notre institution monétisatrice de TOUTE *valeur échangeable* sera en mesure de rendre sous le double rapport de cette monétisation, et de la circulation fictive des produits représentés en valeur par des signes fiduciaires assurés et rendus dignes de la confiance publique par l'apposition du sceau de la plus puissante mutualité ?

Si l'on veut trouver de notre institution le modèle embryonaire, il suffit de remonter à l'origine des banques. Celles-ci n'ambitionnèrent pas de titre plus fastueux que celui de banques de dépôt, titre significatif des attributions dans le cercle desquelles toute banque *doit* se confiner, en l'étendant toutefois jusqu'à la monétisation des dépôts faits dans ce but, et que ces banques pouvaient ultérieurement appliquer à *tout* dépôt de valeur appréciable comme nous proposons de le faire, au lieu de restreindre cette application aux seules monnaies métalliques plus ou moins défectueuses. Elles auraient ainsi réalisé, par la monétisation du warrant, la multiplication monétaire dont le besoin fut le motif de la substitution de la banque de circulation à la banque de dépôt, fondée sur un principe bien plus rationnel et susceptible d'une application bien autrement féconde et digne de la faveur publique et du crédit commercial.

Le commerce crut tout gagner en favorisant de son crédit la substitution, à ces banques de dépôt, des banques dites *de circulation*, ayant pour attribution de monnayer la dette commerciale ; et, faute d'un meilleur et plus rationnel, cet empirique expédient a pu faire une brillante fortune à l'aide de priviléges assurant à l'argent des bénéfices assez importants pour en attirer à ces établissements toute la portion disponible, et, par cette agglomération de monnaie métallique entre leurs mains, leur donner la facilité d’escompter les promesses d’argent à terme des commerçants, c’est-à-dire de les échanger d’abord contre cet argent, puis, le besoin commercial aidant, contre leurs promesses *à vue*, ou billets de banque gagés surtout par les promesses à terme, ou billets de commerce escomptés, et *subsidiairement* par leur propre capital social.

Ainsi l’extension des échanges put être facilitée, — quoique dans une mesure de jour en jour moins proportionnée au besoin, — par des établissements en puissance d’augmenter la somme des titres monétaires en circulation de toute la valeur représentée par des promesses de monnaie métallique, promesses, par elles-mêmes, incapables d’obtenir le pouvoir de circuler comme monnaie.

Mais ce service devant fatalement se mesurer sur la possibilité d’agglomérer la monnaie dans une même caisse, et cette agglomération elle-même trouvant sa limite dans la somme de cette monnaie disponible à cet effet, somme fatalement, répétons-le, de jour en jour plus insuffisante à satisfaire un besoin sans cesse croissant, des économistes, sans doute très distingués, sont enfin venus présenter, dans la formule du Bon de livraison en marchandises, la solution de ce grand problème de la multiplication monétaire d'une urgence reconnue, croyant voir dans cette simple formule la réalisation immédiate de l'aphorisme si fécond en magnifiques conséquences : Toute marchandise est monnaie.

Leur déconvenue sur ce point devait suffire à désillusionner leurs plus ardents adeptes, et même à ramener dans leur esprit le doute, trop voisin de la négation, sur la possibilité de substituer à la monnaie de métal aucune monnaie fiduciaire, affranchie de l'obligation *absolue* de promettre ce métal, restriction, ainsi que nous l'avons démontré, équivalente à la négation même de la possibilité d'une ultérieure multiplication monétaire.

Cependant, il n'est pas de la nature d'esprits profondément convaincus de la justesse d'un principe d'une application par eux jugée éminemment utile, de donner légèrement ni la victoire au doute, essentiellement anti-progressif, ni une satisfaction bénévole aux esprits superficiels, en tous temps les plus nombreux et les plus antipathiques à la découverte de toute vérité , pour eux , nouvelle.

Aux premiers , donc , plus difficiles à ébranler dans leur conviction , dut suffire une nouvelle analyse de la monnaie, pour leur faire reconnaître que son office fondamental consiste à représenter, d'une manière générale, *quelque valeur qu'elle puisse avoir en* PROPRE , toutes les valeurs en spécialités les plus diverses, condition essentielle à laquelle la monnaie métallique elle-même doit le privilége de s'échanger contre chacune de ces spécialités , ayant préalablement, dans son unité, servi à mesurer leur valeur relative.

Cependant, une observation avait échappé jusqu'alors aux meilleurs esprits et n'échappa pas à ceux que ne pouvait satisfaire une notion fatalement insuffisante à justifier cette proposition, selon eux, irrévocable : Toute marchandise *représentant* et *mesurant* la valeur, est MONNAIE.

« Il ne suffit pas enfin, ont-ils pensé, à une
». spécialité de marchandise, pour être mon-
» naie, d'être acceptée pour mesure de la va-
» leur relative des autres marchandises, cha-

» cune sur son marché propre. Cette mar-
» chandise privilégiée peut servir à cet usage,
» et encore rester privée du droit de s'échan-
» ger pour sa valeur propre contre TOUTE spé-
» cialité de valeur égale sur *son* marché. »

Ils ont dit : « La valeur des marchandises
» est différente sur les différents marchés sur
» lesquels elles se présentent. Le caractère
» fondamental de LA monnaie consiste à
» mesurer une valeur, sans nul doute, mais
» ce n'est pas la valeur afférente au produit
» *sur son marché propre.* Dans ce cas, le Bon
» de livraison serait effectivement *monnaie,*
» et, cependant, jamais il n'en a pu jouer
» le rôle en remplaçant l'argent comme
» instrument GÉNÉRAL des échanges. »

Il existe donc, ont-ils conclu, dans la monnaie légale, faite cependant avec une marchandise, quelque chose de plus qu'une valeur
propre, acceptable, dans son unité, comme
commune mesure de chaque valeur également
propre à chaque spécialité commerciale ; il y a, de plus, la valeur de convenance GÉNÉRALE à laquelle seule peut être dû
son accueil sur le marché le plus général
pour la quantité de valeur exprimée par elle.

Mais la monnaie métallique, essentiellement marchandise, est, tout à la fois, type de valeur spéciale et de valeur générale : en elle se confondent donc les deux natures de valeur essentiellement différentes, la valeur *mesure* et la valeur MONÉTAIRE d'utilité *générale*.

Pourquoi donc, s'est-on demandé, sa multiplication, ne se mesure-t-elle pas sur le besoin éprouvé de l'accroissement du nombre de ses pièces servant aux échanges ? Et à cette question il fut aisé de répondre : C'est parce que si la quantité de la marchandise employée à faire la monnaie s'accroît, ce ne peut être qu'aux dépens de sa valeur relative en tant que marchandise, fait qui neutralise nécessairement l'utilité de sa multiplication. C'est donc à la confusion de ces deux natures de valeur dans la monnaie métallique qu'est due l'impossibilité *radicale* de la multiplier *utilement*.

Or, cette impossibilité serait le propre de *toute* marchandise. De quoi s'agit-il donc pour obtenir une monnaie multipliable ? Il s'agit simplement de « dégager l'une de l'autre ces deux valeurs de natures essentiellement différentes ; et, laissant au métal son office auquel il est propre, — peut-être même plus que toute autre marchandise, — faire de l'accomplissement de la circulation et des échanges l'attribut exclusif d'une monnaie exprimant la valeur, *considérée au point de vue de l'utilité générale*, et cependant présentant, dans sa formule numérique, une équivalence avec l'expression de la valeur d'*utilité spéciale*, toutes deux figurant sur le même titre circulatoire ; enfin, pour, à l'avenir, prévenir toute confusion, en distinguer les unités respectives par des noms différents, la monnaie - marchandise restant soumise au change à l'égard de l'autre. »

Enfin, pour que l'unité de cette dernière valeur générale soit acceptable comme commune mesure de la quantité qu'en possède chaque espèce de marchandise, reconnaissant l'inégalité qui règne dans la répartition de cette valeur entre elles toutes, de cette dernière observation, il fut facile de conclure que, pour être égalisées les unes aux autres en cette valeur générale ou monétaire, elles devaient se faire les unes aux autres et à cette monnaie, à commencer par les plus riches en valeur spéciale à l'égard de celles qui le sont moins, se faire, disons-nous, pour prix de la quantité de valeur d'utilité générale *qu'elles veulent acquérir*, « remise d'une » partie de la valeur qui leur est *propre*, » condition à laquelle *seule* le titre spécial, portant l'expression de cette valeur, peut prétendre aux avantages attachés à la circulation *monétaire*.

Puis, pour déterminer dans chaque produit, ou plutôt dans le titre représentatif de valeur *privée*, susceptible seulement d'une multiplication *ineffective*, le rapport existant entre cette valeur et celle du type de valeur générale, — susceptible, au contraire, d'une multiplication essentiellement EFFECTIVE et *nécessaire*,—il est resté sensible que : « l'ap- » préciation du degré de convenance géné- » rale , attribuable à chaque produit, se dé- » duisant naturellement de la connaissance » préalablement acquise de la statistique » comparée des offres et demandes des divers » produits apportés par voie représentative » sur le marché général *pendant une période* » *donnée* , cette statistique donnait lieu de » les distribuer *successivement* , selon leur » degré de puissance circulatoire reconnu, » sur un tarif déterminant le change que

» *dans le cours de cette période*, elles doivent
» acquitter les unes à l'égard des autres. »

Et c'est ainsi que, de déduction en déduction, on est parvenu, par la voie de l'analyse, à trouver la justification irréfragable du théorème de l'assimilation de TOUTE marchandise à la monnaie, celle-ci n'étant considérée que comme instrument des échanges à pratiquer par la médiation de la monnaie métallique elle-même; mais, dans ce cas, employée comme instrument de *paiement*, en considération de la valeur qui lui est inhérente : et finalement on obtient, dans le WARRANT MONÉTAIRE, la monnaie fiduciaire, instrument général des échanges, sans valeur vénale, et, par-là même, multipliable en raison du besoin qui s'en fait sentir, et acceptable par tous les échangistes assurés de la réalité du gage spécial de la valeur promise en produits, valeur elle-même appréciée au point de vue de l'utilité générale, et, conséquemment, d'une égale convenance à tous.

Ainsi, pour supprimer toutes les entraves qui gênent et ralentissent le mouvement circulatoire des produits, au grand préjudice de la production elle-même, et conséquemment des producteurs à tous les degrés de l'échelle du travail occupés par eux, abandonnant la voie stérile pratiquée par les banques actuelles, si faussement dénommées banques *de circulation*, il s'agit simplement de rentrer dans la voie de la banque *de dépôt*, dont la principale attribution fut de substituer un papier *de valeur* CERTAINE aux monnaies de valeur incertaine circulant à l'origine de ces banques. La valeur du warrant spécial n'est en effet, ainsi que nous l'avons surabondamment démontré, qu'une valeur en elle-même *incertaine*, et dont chacun peut faire une appréciation différente selon sa *propre* convenance : tarifié eu égard à la convenance générale par un arbitrage sanctionné de tous les intéressés à sa circulation, ce même warrant acquiert une valeur *certaine* aux yeux de tous les échangistes, assurés surtout que sont ceux-ci de son échange immédiat, selon la convenance personnelle, aux conditions déterminées par l'arbitre monétisateur.

Nous ne pouvons recommander à ce monétisateur de meilleurs modèles à suivre que ceux que lui offrent les premières banques, toutes originairement *de dépôt*, et notamment celle d'Amsterdam fondée en 1609, et qui a prospéré jusqu'à l'invasion pour elle si néfaste, des troupes françaises en 1795.

Ces banques ne pouvaient encourir le reproche d'être instituées pour exercer un monopole favorisé par un privilége, celui de représenter son portefeuille par des billets à livrer à la circulation comme espèces métalliques. La traduction des valeurs, alors incertaines, des pièces de monnaie en circulation en un titre de valeur moyenne unique et certaine, mesurée sur la valeur *typique* d'un poids déterminé de métaux précieux, telle fut leur attribution fondamentale ; et, pour l'exercer, nulle société ne s'est formée sous la condition de limitation, ni quant au chiffre de son capital, ni quant au nombre des contributeurs à ce capital. Formé de simples *dépôts* soumis à une appréciation officielle et reconnus aux déposants par des récépissés, donnant droit à retrait facultatif du dépôt, ce capital ne pouvait être qu'essentiellement variable, et son importance n'entrait pour rien dans les conditions d'exercice des fonctions exclusivement monétisatrices de cette banque.

Les porteurs de récépissés en auraient donc été les vrais actionnaires, ou plutôt ils en auraient tenu lieu, si, pouvant à volonté, par la simple restitution du récépissé, se dégager de tout lien à l'égard de la banque, ils avaient jusqu'à cette restitution joui du droit de participer à ses profits, que l'on dit avoir été considérables, et dont une forte partie revenait à l'Etat en reconnaissance de la garantie sous l'égide de laquelle elle s'était constituée par la seule initiative de négociants pressentant les premiers toute l'utilité dont une telle institution devait être au développement de leur propre négoce.

L'analogie était trop marquée entre l'office consistant à refondre en quelque sorte, dans le billet, ou récépissé de la banque d'Amsterdam, les monnaies de valeur incertaine, et la monétisation du Bon de livraison de marchandises *pour une valeur déterminée par ses souscripteurs*, exprimée en monnaie usuelle, cette analogie, disons-nous, était trop marquée pour nous échapper, et l'application du principe fondamental de la création du récépissé de la banque de dépôt au bon de livraison de marchandises était tout à la fois une conséquence trop naturelle de cette analogie et d'une réalisation trop urgente, pour que nous ne nous soyons pas empressé de la signaler, comme dernière ancre de salut, aux commerçants de notre époque.

Les pièces de monnaie du XVIIe siècle n'avaient aucune valeur exactement connue de ceux qui les employaient, et de là l'incertitude relativement à la valeur réelle d'une traite sur une place quelconque de l'Europe, vice intolérable dans toute monnaie et qu'il devenait indispensable de neutraliser dans celles de cette époque.

Le bon de livraison a bien une valeur réelle, cette valeur étant mesurée sur celle d'un certain poids de métal monétaire, mais cette valeur n'est telle que sur son marché propre, où le consommateur la prend, selon son besoin *particulier*, pour cette valeur qu'il lui trouve assignée. Cependant, sur tout autre marché, et *à fortiori* sur le marché général, que deviendra cette valeur primitive du titre ? Nul ne le sait ni ne peut le savoir. Le Bon de livraison de marchandise, ne peut donc, dans sa forme native, circuler comme monnaie ou mesure de valeur. Ainsi, par ces considérations, « déterminer, en connais» sance de cause quelle quantité de cette der» nière valeur doit être attribuée, sur le » marché *général*, à tout Bon de livraison

» exprimant préalablement une certaine » quantité de valeur égale à celle attribuée à » un certain poids correspondant de métal » monnayé, » telle est la mission du monétiseur, la monétisation ayant pour but et pour effet immédiat, à l'égard de ces bons de livraison de produits échangeables, appréciés déjà par rapport au métal, de les égaliser en valeur monétaire, ou puissance circulatoire, et, par là, de les ériger en une monnaie à la convenance de tout échangiste, et même à plus juste titre que le disque de métal, qui ne promet rien, quoiqu'il procure à peu près tout objet vénal, mais par la seule force de l'habitude, corroborée par la privation d'un instrument de circulation mieux approprié au service que le commerce attend de lui.

Or, par quelle autre voie parvenir à l'établissement de cet indispensable équilibre, que par la connaissance statistique des rapports d'offres à demandes de ces divers titres affluant sur le marché général, — la banque monétisatrice, — et de les échelonner d'après cette connaissance sur un tarif du change respectif des uns à l'égard des autres, de façon à parvenir à écouler les affluents menaçant d'engorgement, et à rendre utile l'appel fait à ceux dont l'apport est trop restreint pour satisfaire à la demande?

Et cette méthode serait-elle vitupérée par les antagonistes les plus passionnés eux-mêmes de toute innovation, quand ils en voient appliquer journellement la pratique aux lettres de change, de place sur place, ou bien même encore aux pièces de monnaie métallique des divers pays, les unes à l'égard des autres?

Requérir cette connaissance statistique, première condition; son accomplissement, très facile; attribution de l'établissement monétisateur, quelque degré qu'il occupe dans la hiérarchie organique du crédit monétaire, parce qu'à ce degré il est *nécessairement unique* relativement à tous ceux d'un ordre inférieur, puisque son arbitrage leur est à tous également indispensable.

Quant à la garantie d'acquittement des titres monétisés par l'intervention de notre banque, garantie dont la demande n'avait pas, jusqu'à certain point, lieu d'être judicieusement faite aux primitives banques de dépôt, puisque leurs dépôts avaient tous une valeur inhérente considérée comme irréfragable, cette garantie, enfin, n'est-elle pas aussi certaine qu'on puisse la désirer dans la solidarité mutuelle de tous les bénéficiaires de l'aval empreint sur leurs titres monétaires par leur banque elle-même, agissant en *leur* nom et pour *leur* propre compte ?

Et pourtant, il manquerait quelque chose encore à la nouvelle monnaie, mesure commune d'une valeur autre que celle reconnue à la spécialité sur son marché propre, ces deux natures de valeur étant, jusqu'à ce jour encore, confondues dans la monnaie-*marchandise*, circulant, sur le marché général, sous les yeux des échangistes trop exclusivement préoccupés de la valeur *spéciale*, objet de toute leur prédilection, pour prendre en considération cette fâcheuse confusion et en apprécier l'importance. Ce complément nécessaire à ce que la monnaie nouvelle fût utile, consisterait, ainsi que nous le disions quelques lignes plus haut, dans l'affectation à son unité d'une dénomination distinctive, dénomination propre à signaler du moins sa réelle existence, en déterminant, pour l'entière édification des commerçants, la quantité de valeur monétaire afférente à chaque titre monétaire spécial en circulation.

Mais ayant proposé cette dénomination distinctive, sans réserve de la préférence qu'une critique réfléchie et judicieuse pourrait reporter sur un autre choix, nous espérons avoir donné satisfaction à toutes les exigences relatives à l'application de notre système de crédit monétaire. Nous croyons donc n'avoir plus rien à faire pour hâter cette application que d'employer le dernier moyen, celui dont l'efficacité nous paraît le plus assurée : c'est de déterminer en sa faveur la sympathie de ceux-là particulièrement aux intérêts desquels cette application nous paraît promettre la plus complète satisfaction.

Ce moyen consiste à leur présenter, dans la récapitulation succincte qui va suivre, une rapide esquisse des principaux avantages que toute population adhérente à notre théorie monétaire nous semble assurée de recueillir la mise en pratique de cette théorie.

I.

Suppression radicale, sur tout le périmètre de la confédération monétaire du trafic sécu-

lairement exercé sur la monnaie. Plus d'u-
suriers, lombards ni autres ; plus d'argen-
tiers, d'établissements de banque, petits ou
grands bureaux, ni particuliers, ni généraux
d'achat et de vente de monnaie métallique,
aux prix les plus convenables *à leurs intérêts
mercantiles*.

Enfin, tous produits échangeables, circulant sous forme et avec qualité de vraie monnaie, se payant réciproquement, sous condition de soulte l'un à l'égard de l'autre au cas
d'inégalité de puissance circulatoire entre
eux.

Sûreté du paiement, résidant dans la solidarité de tous les bénéficiaires du crédit monétaire.

Par la circulation *fictive* des produits, leur
transmission finale rendue la plus prompte
que cela puisse être désiré. Partant, plus
d'encombrement, ni chômage, ni faillites
faute de la facilité de l'acquittement, cette
facilité résultant nécessairement de la possibilité donnée à tout détenteur de produit
commercial de la convertir en monnaie fiduciaire sous caution de la mutualité dont il
est membre.

II.

Monnaie sans valeur vénale et dès lors ne pouvant faire défaut au commerçant ou producteur, la fabrication en étant mesurée sur un besoin réel témoigné par le crédit qui l'appuie, sous condition d'acquittement soit immédiat, soit à terme fixe.

III.

Au cas d'attermoiement, suppression de l'escompte, profitable, jusqu'à ce jour, au seul marchand de monnaie, et profitable désormais *successivement* aux porteurs du titre en raison du temps de possession de ce titre par chacun d'eux.

L'indemnité d'ajournement à payer par le débiteur, réglée par voie arbitrale d'après les cours connus du marché.

IV.

La pièce de monnaie-*marchandise* remplacée par le warrant de livraison, de valeur égale, en une nature déterminée et généralisée par sa monétisation.

Le gage du warrant, susceptible de rester

dans le Dock du monétisateur lui-même, commis à sa conservation jusqu'à présentation de titre. Dès lors, l'utilité de Docks publics réduite à la mesure d'un emploi tout exceptionnel, souvent même réclamé par le dépositaire, s'il ne l'est par sa caution.

Par la substitution du signe de valeur à l'objet même de la valeur, enrichissement réel des peuples confédérés, de toute la valeur échangeable des métaux précieux, devenus réellement d'autant plus rationnellement précieux que, dorénavant inutiles aux paiements de l'intérieur de cette confédération,—sauf extension d'emploi domestique,—leur épargne, en se déversant sur les nations étrangères à la confédération monétaire, enrichira celles-ci de toute la valeur obtenue en échange contre cette épargne.

Et alors aussi, les avantages de l'exploitation des mines de ces métaux cessent enfin d'être un mirage illusoire et décevant pour les populations qui s'y livrent.

V.

La détermination relative des prix des produits commerciaux, affranchie de l'influence neutralisée, de la variation du prix, désormais *nul*, de la monnaie, celle de l'avenir n'en ayant *aucun*, et celle éventuelle des métaux précieux n'ayant enfin pas plus de puissance circulatoire à elle en propre, que celle qu'exercerait à cet égard toute autre marchandise.

Écart entre ces prix relatifs de la valeur monétaire des produits, c'est-à-dire de leur valeur considérée par rapport à leurs offre et demande respectives comparées, cet écart assuré d'une atténuation graduelle, pour leur majeure partie, par la bienfaisante direction que la production recevra d'une dispensation du crédit monétaire, mesurée sur l'appréciation officielle du besoin de cette production.

Et finalement, cet écart, réduit à la dimension voulue par la juste rémunération de la commandite *échelonnée*, et, dès lors, à sa plus faible expression, cet écart normal assuré d'être agréé par tous les membres de la mutualité, tous y trouvant satisfaction à leurs légitimes aspirations, et de là, entre eux tous harmonie inaltérable.

VI.

L'immensité des capitaux, aujourd'hui paralysés dans l'attente d'une transmission, désormais accélérée par leur monétisation, nulle entreprise sagement combinée n'est plus arrêtée par la privation du capital nécessaire à ses succès. Tous, avides d'un emploi lucratif, se présentent à l'envi, chacun dans sa nature, pour aider l'industrie, lui laissant le choix de ceux le plus à sa convenance, et la voie de l'échange monétaire pour les obtenir.

Dès lors, affranchissement des gouvernements eux-mêmes, de la crainte de favoriser par leur patronage une extension d'engagements disproportionnée avec les chances d'obtention, à époque fixe, du capital indispensable à leur acquittement, capital de circulation aujourd'hui réduit à une seule sorte, mais se multipliant à l'avenir en raison de l'abondance journellement croissante des sortes, ainsi que de la valeur matérielle aussi bien que monétaire des produits.

VII.

A défaut d'une monétisation, que les lois

actuelles, et peut-être plus encore l'immobilité caractéristique de la propriété foncière, rendent presque impossible d'appliquer directement aux immeubles, du moins leur mobilisation et leur transmission facilitées par la représentation de leur valeur traduite en titres de rente hypothécaire ; ces effets, essentiellement mobiliers et dès lors susceptibles, par leur monétisation, de circuler additionnellement à la monnaie, au moins jusqu'à péremption d'hypothèque, époque du remboursement ou de l'aliénation définitive du capital engagé ; de là, augmentation monétaire dont le chiffre mettra le comble au développement du travail dans toutes les branches de l'industrie agricole, manufacturière et commerciale.

VIII.

Affranchissement du prolétariat du fardeau de la misère qui l'accable et le tient dans un état de dégradation, contre l'hérédité duquel la ressource de l'épargne est illusoire et dérisoire tout à la fois. Par la conversion de cette épargne, quelque faible qu'elle soit à son origine, en titres bénéficiaires, soit à prime proportionnelle, soit à prime fixe, dont la quotité peut s'élever à 0,03 par 100 pour chaque jour de circulation, — de combien les facultés financières du prolétaire excéderont-elles la limite de celles dont le gratifient les caisses d'épargne actuelles, tout en laissant son misérable pécule exposé à des risques contre lesquels le tient complétement assuré sa participation au bienfait du mutualisme !

IX.

Difficulté apportée à la circulation des warrants comme monnaie par leur commune disconvenance, levée par la médiation de courtiers qui s'attribueront pour office la recherche des consommateurs des diverses spécialités représentées par ces titres, en vue d'une rémunération consistant dans une plus ou moins forte partie de l'écart entre la valeur marquée des objets à livrer et la valeur *circulatoire* reconnue au titre représentatif de cette valeur primitive.

Et dans ce nouvel office, nouvelle occasion d'emploi très lucratif pour une multitude, plus grande de jour en jour, de capacités et d'intelligences, aujourd'hui privées d'emploi, à leur grand préjudice et à celui de la société tout entière.

Enfin, par l'utile médiation du courtage, tout soin de recherche et dégoût du marchandage, supprimés à l'avantage du consommateur, qui, étant convenu dè la remise à faire à son courtier, n'a plus d'autre soin à prendre que de se faire livrer la marchandise engagée, s'il ne préfère en remettre le warrant en circulation ou le détenir spéculativement en portefeuille.

X.

Organisation nécessaire des courtiers de change des monnaies spéciales, sous la direction d'une autorité syndicale, garante envers le public de l'utilité de leurs services, et cette garantie corroborée par le contrôle journalier de l'administration monétisatrice avec laquelle ils ont le plus grand intérêt à entretenir de bons rapports.

XI.

Affranchissement final des commerçants de la dîme que presque tous sont obligés aujourd'hui d'acquitter au profit d'industriels qui, par leurs relations personnelles, leur évitent, à titre de *commissionnaires*, le soin de se rechercher les uns les autres, souvent pour se tromper réciproquement dans les tortueuses négociations qu'il leur faudrait suivre pour arriver à la transmission de leurs produits, le plus fréquemment au prix d'un temps à mieux employer dans leurs maisons.

A tous ces soins, plus ou moins onéreux et plus épineux, surtout pour le négociant d'un caractère franc et loyal, la simple substitution d'achats de warrants par voie d'échange (voie qui sera le plus ordinairement employée) contre ses propres warrants ou d'autres attendant un emploi dans le portefeuille de l'agence. Quant aux meilleures conditions de cet échange, notions certaines à recueillir du seul examen du tarif du change respectif des warrants. Enfin, par un procédé quelconque, ressortissant, en définitive, à l'agence monétisatrice, toute vente et tout achat se réduisant à une affaire de Bourse, par la faculté donnée à toute marchandise d'y avoir accès sous forme de titres monétaires négociables et transmissibles par simple tradition manuelle.

Que de facilités données à tous! que de soins évités, que de temps gagné au profit du capital et de la morale commerciale elle-même!!!

Enfin, pour conclure, avons-nous trop promis dans l'épigraphe qui figure au titre de cet ouvrage en ces termes :

1. Organisation *rationnelle du crédit.*

2. Conciliation de tous les intérêts commerciaux par la prépondérance du mutualisme sur le personnalisme.

3. Écoulement des produits le plus rapide.

4. Suppression de la faillite faute d'argent, jusqu'ici seul agent monétaire.

5. Suppression du chômage par la facilitation de l'écoulement des produits.

6. Suppression de la misère par le placement facultatif de l'épargne le plus sûr et le plus productif de revenu, etc., etc.

Paris. — Typographie d'Émile ALLARD, rue de Verneuil, 14.

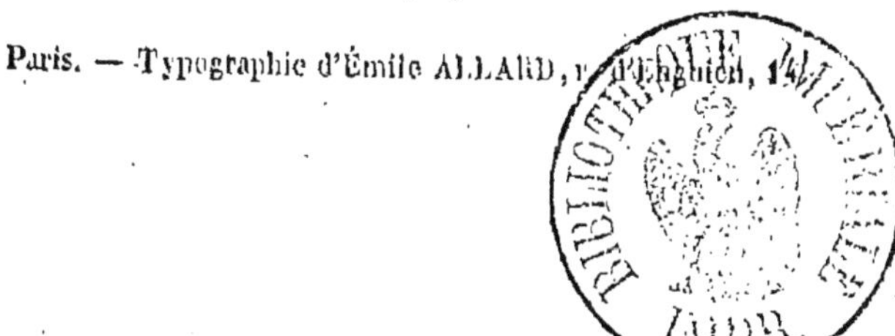

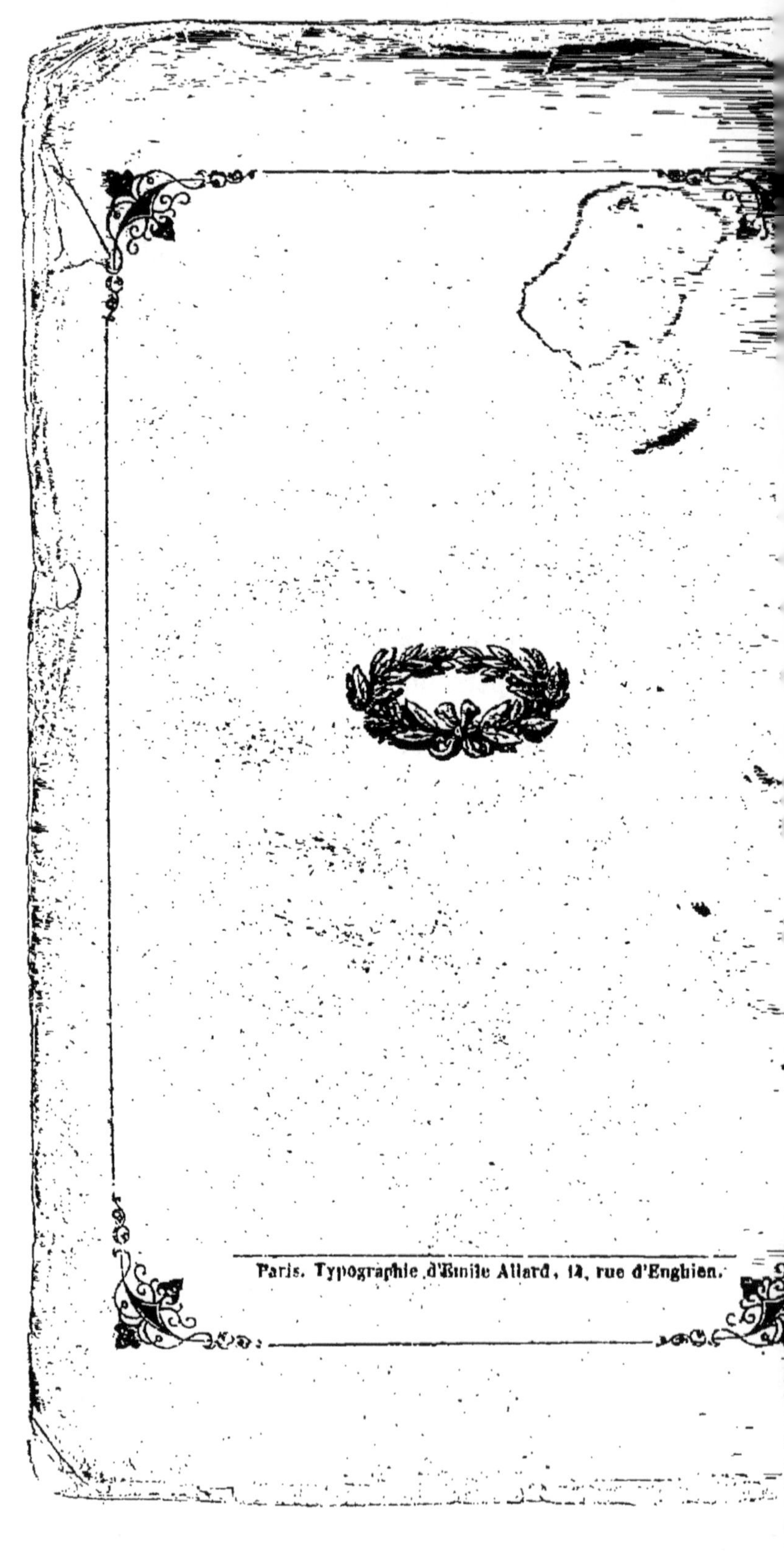

Paris. Typographie d'Émile Allard, 14, rue d'Enghien.

www.ingramcontent.com/pod-product-compliance
Ingram Content Group UK Ltd.
Pitfield, Milton Keynes, MK11 3LW, UK
UKHW022324090726
13658UKWH00001B/72